T0194354

SAMMLUNG METZLER

1682

REALIEN ZUR LITERATUR
ABT. E:
POETIK

HELLMUT ROSENFELD

# Legende

*4., verbesserte und vermehrte Auflage*

ERSCHIENEN IM DREIHUNDERTSTEN JAHR DER
J. B. METZLERSCHEN VERLAGSBUCHHANDLUNG
STUTTGART

1. Auflage 1961
2. Auflage 1964
3. Auflage 1972
4. Auflage 1982


CIP-Kurztitelaufnahme der Deutschen Bibliothek

**Rosenfeld, Hellmut:**
Legende / Hellmut Rosenfeld. –
4., verb. u. verm. Aufl.
Stuttgart: Metzler, 1982.
    (Sammlung Metzler; M 9: Abt. E, Poetik)
    ISBN 978-3-476-14009-8

NE: GT

ISBN 978-3-476-14009-8
ISBN 978-3-476-04128-9 (eBook)
DOI 10.1007/978-3-476-04128-9

M 9

# INHALT

| | |
|---|---|
| ATB | Altdeutsche Textbibliothek |
| *De Boor* | Helmut de Boor/Richard Newald, Geschichte der deutschen Literatur, 1953 ff. |
| Clm | Codex latinus Monacensis (Bayer. Staatsbibl. München) |
| *Diemer* | Josef Diemer, Deutsche Gedichte des 11. u. 12. Jh.s, 1849 |
| dt. | deutsch |
| DVjs | Deutsche Vierteljahrsschrift für Literaturwissenschaft und Geistesgeschichte, 1923 ff. |
| *Ehrismann* | Gustav Ehrismann, Geschichte der deutschen Literatur bis zum Ausgang des MA.s, 4 Bde, 1918–1935; Neudruck 1955 ff. |
| GRM | Germanisch-Romanische Monatsaschrift, 1909 ff. |
| HL., hl. | Heilige(r), heilig |
| Jh. | Jahrhundert |
| LThK | Lexikon für Theologie und Kirche, ¹1930/38,, ²1957 ff. |
| MA., ma. | Mittelalter, mittelalterlich |
| MGH | Monumenta Germaniae historica, 1826 ff. |
| *Maurer* | Friedrich Maurer, Die religiösen Dichtungen des 11. u. 12. Jh.s, 3 Bde, 1964/70 |
| MSD | Karl Müllemhoff/Wilhelm Scherer, Denkmäler dt. Poesie und Prosa, 1892 |
| MTU | Münchner Texte und Untersuchungen zur Literatur des MA.s |
| NDB | Neue deutsche Biographie, 1953 ff. |
| PBB | Beiträge zur Geschichte der dt. Sprache u. Literatur, gegr. Hermann Paul/Wilhelm Braune, 1874 ff. |
| RGG | Die Religion in Geschichte und Gegenwart, ²1927/32, ³1956 ff. |
| RL | Reallexikon der dt. Literaturgeschichte, 4 Bde, 1925/31, ²1955 ff. |
| Verf.Lex. | Die deutsche Liteatur des Mittelalters, Verfasserlexikon 5 Bde 1933/55, ²1978 ff. |
| ZfdA | Zeitschrift für deutsches Altertum und deutsche Literatur, 1841 ff. |
| ZfdPh | Zeitschrift für deutsche Philologie, 1869 ff. |

# 1. Name und Begriff ›Legende‹

Dem Begriff ›Legende‹ liegt das lateinische, von *legere* »lesen« abgeleitete Gerundiv *legenda* (nom. plur.), »das, was gelesen werden soll oder muß«, zugrunde. Der neutrale Plural *legenda* wird dann als femininer Singular aufgefaßt und so zu »die Legende«, wie ja auch z. B. der neutrale Plural *fata* »Schicksalssprüche« (von *fari* »sprechen« abgeleitet) als femininer Singular aufgefaßt und sogar zur Personifikation ital. *fada*, prov. *fada*, franz. *fée* »die Fee« wurde. In der wissenschaftlichen Fachsprache wird ›Legende‹ heute noch nahezu in der ursprünglichen Bedeutung gebraucht, nämlich für die Inschriften am Rand oder auf der Kante von Münzen und Medaillen, für Inschriften, die einem Emblembild (Devise) beigefügt werden oder für die Texte und Zeichenerklärungen auf Architektur- und Stadtplänen oder Landkarten, überdies für Bildunterschriften in Büchern und Zeitungen.

Im religiösen und literarischen Bereich hat ›Legende‹ die Bedeutung ›Heiligenlegende‹ angenommen. Zu dieser übertragenen Bedeutung führte der Brauch der christlichen Kirche, am Jahrestag der Heiligen beim Gottesdienst oder während der Klostermahlzeit die Lebens- und Leidensgeschichte des betreffenden Heiligen oder Märtyrers zu verlesen. Das Buch, das die »Lesen«, d. h. die einzelnen Abschnitte über das Leben der Heiligen des ganzen Jahres, enthält, heißt als Ganzes *Legenda*, aber dann wurde verallgemeinernd auch der einzelne Abschnitt so genannt. Jedoch wurden bis ins 13. Jh. hinein nur die Lektionen des Lebens von »Bekennern«, d. h. von Heiligen, die keine Märtyrer sind, so benannt im Unterschied zu den ›Passiones‹ der Märtyrer. Aber allmählich verwischt sich dieser Unterschied zwischen dem ›liber legendarius‹ und dem ›liber passionarius‹, und ›Legende‹ wird zur Bezeichnung der literarisch fixierten Heiligen-Vita überhaupt. Im 15. Jh. wird ›Legende‹ auch freier zur Bezeichnung eines nicht recht beglaubigten Berichtes, im 16. Jh. mit der Nebendeutung einer unglaubhaften und unwahrscheinlichen Erzählung. Die Kämpfe der Reformationszeit und die Auseinandersetzungen der beiden christlichen Konfessionen führten im Stil der grobianischen Zeitpolemik zu der pseudo-etymologischen Abwandlung des Wortes als »Lügende«. Bei begrifflichem Ineinanderfließen von »Legende« und »Sage« wirkte auch unsere Nachbarschaft zu Frankreich mit, wo für beides nur das eine Wort *légende* existiert; der Wissenschaftler sondert sie umständlich als *légende populaire* (oder *folklorique*) und *légende hagiographique*.

Heute wird das Wort ›Legende‹ im Alltag gebraucht, wenn man einen Bericht über historische Personen oder Tatsachen als freie

Erfindung bezeichnen will. Es gerät damit vor dem Kriterium der Wahrheit in eine Linie mit Lüge, Erdichtung, Fälschung, Märchen. Im Bereich der Dichtung kann das Wort ›Legende‹ Geschichten mit parabolischem, wunderbarem oder märchenhaftem Inhalt von realistischeren Kurzgeschichten, Lehrfabeln und Parabeln abheben, die andererseits nicht die Seinsweise wirklicher Märchendichtung erreichen. Für die Wissenschaft ist solche Bezeichnung nicht verpflichtend. Im Bereiche der Wissenschaft bedeutet ›Legende‹ eine religiöse Erzählung besonderer Art, die Erzählung von einem christlichen Heiligen, und steht gleichberechtigt neben Gattungsbezeichnungen wie Sage, Märchen, Mythus und Novelle. Ihre Eigenart, Gesetze, Erzählformen und Geschichte herauszuarbeiten, ist Aufgabe der Legendenforschung.

*Literatur:*

*Jacob* und *Wilhelm Grimm*, Dt. Wörterbuch 6, 1885, S. 535.
*J. Chr. A. Heyse*, Allgem. verdeutschendes u. erklärendes Fremdwörterbuch, bearb. Otto Lyon u. Willy Scheel, 1922, S. 490.
*Rudolf Kapp*, Die Begriffe ›Legende‹ und ›Heiliger‹ im Wandel der Zeiten, in: R. K., Heilige u. Heiligenlegenden in England 1, 1934, S. 16–32.
*Hans Schulz/Otto Basler*, Dt. Fremdwörterbuch 2, 1942, S. 15.
*Émile Littré*; Dictionnaire de la langue fracaişe 4, 1957, S. 1504 ff.
*Franz Dornseiff*, Der dt. Wortschatz nach Sachgruppen, ²1959, Nr. 141,149,1228,1351.
*Gerhard Wahrig*, Dt. Wörterbuch, 1975, Sp. 2323.
*Duden*, Das große Wörterbuch der dt. Sprache in 6 Bden, 4, 1978, S. 1652.

## II. Stand und Aufgaben der Legendenforschung
### ›Legende‹ als literarische Gattung

Die Erscheinung ›Legende‹, die in dieser Darstellung als Gegenstand der Poetik wie auch als Gegenstand der Literaturgeschichte im Mittelpunkt steht, schließt eine Fülle von Problemen und Bezügen in sich. Verschiedene Wissenschaften sind an ihren Problemen unmittelbar interessiert. Die *Theologie*, insbesondere die katholische Theologie, interessiert ihr dogmatischer Gehalt, ihr Quellenwert, ihre Überlieferung, das Verhältnis von Wahrheit und Dichtung in ihr, ihre Beziehung zur Liturgie und zum Patrozinienwesen. Die *vergleichende Religionswissenschaft* sieht die christliche Legende im Zusammenhang mit ähnlichen Erscheinungen anderer Religionen, beachtet ihre Funktion im Rahmen des Kultes und untersucht ihre Motive und das Wandern der Motive zwischen den verschiedenen Religionen. Die *Geschichtswissenschaft* prüft ihren Quellenwert als Geschichtsdokument für überlieferungsarme Zeiten, zieht Rückschlüsse aus der Entstehung und Verbreitung von Legenden und vermag aus der Wanderung von Patrozinien und Legenden Kulturströme und politische Einflußsphären oder Motive herauszulesen. Die *Volkskunde* fragt nach Zusammenhängen mit dem Volksglauben, sucht nach Relikten älterer Religionsvorstellungen oder magischer Verhaltensweisen und fragt nach der Bedeutung der Kulttradition für die Legende und nach der Beteiligung volkstümlichen Erzählertums an ihrer Ausgestaltung und Wandlung. Die *Soziologie* sieht die Legende in ihrer Funktion als Mittel einer bestimmenden Oberschicht zu bestimmten Zwecken und als Desiderat der tragenden Unterschicht zur Befriedigung bestimmter Bedürfnisse, ihren Wandel im Rahmen der Gesellschaftsentwicklung im Verlaufe der Zeit. Die *Psychologie* versucht ihre Struktur zu ergründen und die seelischen Untergründe ihrer Gestaltung bloßzulegen, während die *Ethnologie* aus dem Vergleich verwandter Erscheinungen bei den verschiedenen Völkern allgemeine Völkergedanken im Sinne Adolf Bastians herauszuheben und andererseits die Eigenart der Einzelvölker näher zu bestimmen vermag. An allen diesen Fragen kann auch der *Literarhistoriker* und Literaturwissenschaftler im Einzelfalle nicht vorübergehen. In erster Linie muß ihm die Legende jedoch ein literarisches Phänomen sein, ein sprachliches Gebilde, bestimmbar nach Gehalt und Gestalt, dem ein bestimmter poetologischer Ort zuzuweisen ist und dessen Form und Ausdrucksmöglichkeit in Beziehung oder Gegensatz zu denen anderer sprachlicher Gebilde stehen.

## 1. Das Problem der Legende

Hier beginnt das besondere Problem der Legende für die *Literaturwissenschaft*. Ist es erlaubt, eine Fülle einander oft sehr unähnlicher sprachlicher Gebilde unter dem Begriff ›Legende‹ zusammenzufassen? Gibt es so etwas wie *die* Legende? Ist die Legende überhaupt als eine *Gattung* eigener Art anzusehen? Oder ist es nur die stofflich-gegenständliche Gemeinsamkeit, die sprachliche Gebilde verschiedenster Art zusammenbindet und ihre Aussonderung aus dem weiten Felde literarisch-dichterischer Erscheinungen erlaubt? Vieles spricht für diese zweite Möglichkeit, nicht zuletzt die Prägung die Ausdrücke ›*Legendenroman*‹, ›*Legendendrama*‹, ›*Legendennovelle*‹, ›*Legendenballade*‹, bei denen das Wort ›Legende‹ das stoffliche Element, das jeweilige Grundwort aber die *Gattungszugehörigkeit* anzugeben scheint. Das Mittelalter kennt die Legende als eine erzählerische Kurzform. Ist dies die legitime Form der Legende, sind die genannten anderen Ausprägungen, wenn wir doch an einen Gattungscharakter der Legende denken, etwa als unzulässige *Mischformen* anzusehen? Eine solch rein normative Betrachtungsweise würde die Dinge allzu sehr vereinfachen und die lebendige Fülle einschränken, aber sie würde nicht die Probleme sehen und lösen. Jene Neigung zum Übergang in andere Gattungen weist auf die Notwendigkeit hin, den Begriff ›Legende‹ literaturwissenschaftlich zu klären, und das heißt eben: in Angemessenheit gegenüber den Gegebenheiten.

Die einschlägigen Lexika und Handbücher, die die ›Legende‹ als religionsgeschichtliches Dokument oder als literarische Gattung behandeln (z. B. *RGG*, *LThK*, *Wolfgang Kayser*, Kleines literar. Lexikon) spiegeln die Verlegenheit wider, die das Schillern der Legende hervorrufen kann. Sie sind sich einig darüber, daß die Legende analog zu ähnlichen Erscheinungen in anderen Religionen sich aus der *Heiligenverehrung* entwickelt und ein Heiligenleben oder Episoden daraus vergegenwärtigt, wobei die Menschwerdung Christi und die an seine Gestalt geknüpften Erzählungen den Prototyp der christlichen Legende bilden konnten. *Heilige*, d. h. Menschen in erhöhtem Zustande, geben auch in anderen Religionen zur Legendendichtung Anlaß (Mohammed, Buddha). Die Formulierung, Gegenstand der Legende sei das *Göttliche in irdischer Gestalt*, verallgemeinert jedoch bis zur Verschwommenheit, da Mythen aller Art damit erfaßt würden. Übereinstimmend wird das Element des Wunderbaren hervorgehoben, meist auch der erbauliche und belehrende Charakter. Die Darbietungsart der Legende wird bald als Erzählung, bald als Geschichte oder Bericht bezeichnet, obwohl andererseits Legendendramen und aus dem Rahmen von Erzählung und Bericht herausführende Gebilde (Hymnen, Lieder, Balladen, Romane, Novellen) meist einbezogen werden. Ein Blick auf die *Geschichte der Legendenforschung* wird uns den Blick schärfen und im Wechsel der Fragestellungen das Problem tiefer erfassen lehren.

## 2. *Geschichte der Legendenforschung*

Die Geschichte der Legendenforschung beginnt mit den Versuchen, die Legendenhelden als unmittelbare Nachfolger vorchristlicher Götter zu sehen. *Hermann Usener* und seine Schule *(Rösch, Wirth, Deubner, Harris)* versuchten seit 1879 die Heiligen als Nachfolger insbesondere antiker Götter zu erweisen: Pelagia als Nachfolgerin der Aphrodite, Tychon als Nachfolger des Priapos, andere als Nachfolger der Dioskuren, der Danaë, der Astarte, des Mithras oder antiker Heroen. Diese Theorien haben sich in keinem Falle aufrechterhalten lassen. Aber es erwuchs daraus die Frage, wie Legende, Märchen, Mythus und Sage sich zueinander verhalten. Der Theologe *Adolf von Harnack* (1890) schied das zur reinen Unterhaltung bestimmte, von schrankenloser Phantasie getragene *Märchen* von dem aus religiöser Naturbetrachtung vergangener Zeiten erwachsenen *Mythus. Sage* und *Legende* rücke eng zusammen, wenn auch die Sage manchmal Legenden und Mythen mische. Die Legende (im weitesten Sinne bis zur profanen Geschichtsanekdote) wird mit der *Geschichtsschreibung* kontrastiert: Geschichtsschreibung als Mitteilung von Realbezügen, *Legende* als dichterisch-religiöse Deutung solcher Realität. Der Legende wird zugestanden, daß sie zwar meist nicht das wirklich Geschehene, aber idealisierend den Wesensgehalt bedeutender Gestalten oder Ereignisse wiedergebe: eine zur höheren Wahrheit gesteigerte Wirklichkeit. Ganz anders sah *Wilhelm Wundt* vom Standpunkt der Völkerpsychologie das Verhältnis von Märchen, Sage, Legende und Mythus (1906). Das *Märchen* erscheint ihm als die ursprünglichere Form, noch ohne Beziehung auf Ort und Zeit. Die *Sage* dagegen beziehe ihre Begebenheiten auf historische Orte, Zeiten und Persönlichkeiten. Der *Göttermythus* gehe nicht etwa dem Märchen und der Sage voraus, sondern trete sowohl als mythologisches Märchen wie als mythologische Sage auf und verflechte sich auf dritter Stufe mit der Dichtung zur Mythendichtung. Die *Legende* sei nur eine Unterart der Mythendichtung, ihr Merkmal sei erbaulicher Zweck und Beziehung zum Kult. Während er nun einerseits betont, daß es keine von der jeweiligen

Religion gelöste Legenden gebe (eine wichtige Erkenntnis!), sieht Wundt andererseits alle möglichen Götter- und Heroensagen und Heilbringermythen als echte Legenden an und läßt so jede Grenze zwischen *Märchen, Sage, Mythus und Legende*, die er (»Völkerpsychologie« 3, ²1908, S. 349) zu den einfachsten Formen erzählender Dichtung rechnet, zerfließen. Da in der Tat die Stoffe und Motive dieser vier Gattungen ineinanderfließen, verzichteten auch *Hippolyte Delehaye* (1905) und *Heinrich Günter* (1910) auf eine scharfe Abgrenzung und eröffneten eine stoff- und motivgeschichtlich orientierte *wissenschaftliche Legendenforschung*, die die Legende wie jedes andere Literaturwerk der Frage literarischer Abhängigkeit von ihren Quellen unterwarf.

Als die Literaturwissenschaft mit dem Primat der Quellenforschung brach und, angeregt von der Kunstwissenschaft, vor allem von *Heinrich Wölfflin* (1864–1945) und seinen »Kunstgeschichtlichen Grundbegriffen« (1915), sich stärker den Formfragen zuwandte (»wechselseitige Erhellung der Künste«), trat auch wieder das Problem der *literarischen Gattung* und ihrer *Formstruktur* in den Vordergrund. In den zwanziger und dreißiger Jahren bemühten sich *Julius Petersen* (1925), *Oskar Walzel* (1926), *Günther Müller* (1929) und *Karl Vietor* (1931) um dieses Problem, das bis zum heutigen Tage nicht seine Aktualität verlor. Die gültige Bestimmung kompliziert gelagerter literarischer Erscheinungen steht auch heute noch nahezu in den Anfängen, und es fehlt bis heute die gültige und zutreffende Bestimmung der Legende und im Zusammenhang damit eine überzeugende Beantwortung der oben angerührten Fragen. Nicht ganz zufällig fehlt darum, ungeachtet aller Vorarbeiten, bis heute eine umfassende Gattungsgeschichte der ›Legende‹ nach dem Muster der Gattungsgeschichte der Ode (Viëtor 1923), des Liedes (Günther Müller 1925) und der Elegie (Beißner 1941).

*Karl Viëtor* stellte 1931 den Grundsatz auf, aus der Gattungsgeschichte, d.h. aus dem lebendigen Wachstum einer Gattung von den Anfängen an, die innere Formstruktur zu ergründen und daraus den in keinem Einzelbeispiel rein verwirklichten Gattungstypus zu erkennen. Eine Gattungsgeschichte müsse auch »uneigentliche« Gattungwerke als Gegenbewegung zum geschichtlichen Fortgang berücksichtigen und dürfe sich niemals von dem für eine Dichtung gebrauchten Gattungsnamen leiten lassen, sondern nur von der Struktur der Dichtung selbst. Damit sind beherzigenswerte Grundsätze einer Gattungsgeschichte gegeben, die auch für eine Geschichte der Legende maßgebend sein dürften. Schon vorher (1929) hatte *Günther Müller* die Gattungshaftigkeit als bestimmendes Merkmal für die Zugehörigkeit zu einer Gattung genannt, aber betont, daß die Gattungshaftigkeit sich ihrerseits mit der Zeit wandeln, also verschiedene gattungshafte Strukturen bilden könne, deren gegenseitiges Zuordnungsverhältnis dann zu untersuchen sei.

Dieser neueren, eigentlich gegenstandsbewußten Literaturwissenschaft sind denn auch die ersten Anstöße und Versuche zu verdanken, im Zusammenhang jener allgemeinen Bemühung um Formverwirklichung und um das Gattungshafte eben die Eigenart der Legende zu bestimmen. So versuchte *Günther Müller* 1930 als erster eine *»Phänomenologie der Legende«* zu geben, nachdem *Paul Merker* bereits die historischen Fakten zusammengestellt hatte (RL II 1926/28). Müller kommt das Verdienst zu, schon gleich zu Anfang auf die Problematik einer solchen *Gattungsbestimmung* im Falle der Legende hingewiesen zu haben. Er hatte bei seinem Versuch eine, wie er sagt, »erste Bereinigung des Feldes« (S. 456) im Auge. Wichtig bleibt dabei einmal, daß Müller gleich Wundt als Merkmal der Legende die *Bindung an Kult oder Religion* ihres Entstehungsraumes angibt und damit auf die Durchkreuzung theologischer und literarischer Gesichtspunkte hinweist, die eine rein literaturwissenschaftlich begründete Gattungsbestimmung so schwierig mache. Unter den literarischen Gattungen sei der Legende und der liturgischen *Hymne* diese starke Nähe zur Theologie gemeinsam; wie die liturgische Hymne gehe die *Legende* nicht »im Literatursein« auf. Wichtig bleibt außerdem, daß Müller, wie schon früher (1929) allgemein, hier die oben angerührte Grundfrage speziell in Anwendung auf die Legende aussprach, wenn er darauf aufmerksam machte, »wie mannigfach die Gattung durch die Jahrhunderte hin abgewandelt wurde«: »Das legendarisch Gegenständliche erscheint mit den verschiedensten Gattungsformen überprägt« (S. 456). Nicht unproblematisch scheint dabei allerdings Müllers Versuch, die Legende parallel zur *Novelle* zu sehen: bei der Legende wie bei der Novelle stehe ein einzigartiges Ereignis (= unerhörte Begebenheit) im Mittelpunkt. Die Wendung der Novelle bewege sich in der natürlichen Sphäre und kraft derselben. Die Wendung der *Legende* aber werde durch eine überirdische Macht bewirkt. Mittelpunkt und Kennzeichen der Legende sei ein Wunder oder eine wunderbare Bekehrung. Der erbauliche Kern der Legende liege nicht darin, wie sie berichte, sondern wovon sie berichte; die Erzählstruktur aber sei die der Novelle. – Dieser Bestimmung steht die Tatsache entgegen, daß es Legenden gibt ohne jede Wundererzählung. Müllers problematische Definition mag sich daraus erklären, daß er sie aus einer modernen Sammlung novellenartiger religiöser Erzählungen (Karl

Borromäus Heinrich »Maria im Volke«, 1927/28) ableitet, die der Verfasser selbst nicht als Legenden bezeichnet hatte.

»Als Grundform der Legende dürfen wir wohl die kurze Prosaerzählung, besser vielleicht noch den Prosabericht vom Heiligen ansehen«, sagt Müller (S. 456). Nehmen wir diese Bemerkung im Zusammenhang mit der vom »legendarisch Gegenständlichen«, welches »mit den verschiedensten Gattungsformen überprägt« erscheine, so berechtigt uns dies, nachher bei dem historischen Überblick über die Geschichte der Legende sowohl die ursprüngliche Form der kurzen Prosaerzählung wie auch die gattungsmäßig verschiedenartigen Verwirklichungen von »Legendarischem« zu berücksichtigen.

Unabhängig von Günther Müller unternahm es *André Jolles* im gleichen Jahr (1930), in seinem Buche »Einfache Formen« neben *Sage, Mythe, Rätsel, Spruch, Kasus, Memorabile, Märchen* und *Witz* an erster Stelle die *Legende* in ihrer Eigenart zu untersuchen. Sein Buch wirkte zwar, wie *Wolfgang Mohr* (RL [2]1, 1958, S. 321) sagt, »mehr erregend als klärend«; stellt auch »der Volkskunde und Literaturwissenschaft noch keine sicheren Kategorien bereit, weist sie aber auf wichtige Probleme hin«. Wenn *Adolf Bastian* (1826–1905) bis zu den »Elementargedanken«, einem in allen Kulturformen gleichen, einfachen Kulturbesitz als Ausfluß des bei allen Menschen gleichen Geistes vorgedrungen war (*Der Völkergedanke im Aufbau einer Wissenschaft vom Menschen*, 1881) und Wilhelm Wundt (1832–1920) in seiner »Völkerpsychologie« Sage, Mythe, Legende und Märchen zu den »einfachsten Formen erzählender Dichtung« rechnete (3, [2]1908, S. 349), so führte *André Jolles* die sogenannten *einfachen Formen Legende, Sage, Mythus* usw., die *Jacob Grimm* als »*Naturpoesie*« den höheren Kunstgattungen gegenübergestellt hatte, auf elementare »spezifische Geistesbeschäftigungen im sprachlichen Bereich« zurück, die auch in höheren Kunstgattungen immer wieder durchschlagen können. Jolles' »spezifische Geistesbeschäftigungen« interpretiert Mohr (S. 321) »als wechselnde Einstellungen, welche der in der Sprache schaffende Mensch seinen Gegenständen entgegenbringt«, während *Alfred Schossig* (Jolles, [2]1956, S. VII) sie vereinfachend als »Besitzergreifung (occupatio) des Menschen durch den Geist der Legende, der Sage oder Mythe« kennzeichnet.

Jolles stellt die Legende an die Spitze seiner einfachen Formen. Sie verwirkliche in der Sprache die Geistesbeschäftigung der *imitatio eines in Tugend Bewährten*. Diese imitatio manifestiere sich im Leben als *Person*, im Gegenständlichen als *Reliquie*, im Sprachlichen als *Legende*, und als Legende bringe sie entsprechende sprachlich-formale Gebärden hervor, die es erlaubten, die Legende als kurze, einfache Erzählform aus der Fülle anderer sprachlicher Manifestationen als verbindliche Bezeichnung herauszustellen und gegen andere Erscheinungen, die aus anderen Geistesbeschäftigungen erwuchsen, abzugrenzen. Diese Sicht scheint die Möglichkeit zu eröffnen, der Legende in tieferem Sinne gerecht zu werden, auch angesichts jener von G. Müller bemerkten »Durchdringung theologischer und literarischer Gesichtspunkte«, die sich für die Literaturwissenschaft bei dem Versuch der Klärung des Gattungsproblems der Legende so erschwerend auswirkt. Der Hinweis, daß mit der Legende bestimmte sprachliche Gebärden verbunden seien, könnte dazu dienen, die Grundform der Legende in Hinsicht auf ihre spezifische literarische Eigenart zu definieren. Es hat denn auch nicht an Versuchen gefehlt, die von Jolles gegebenen wichtigen Ansätze in diesem Sinne auszuwerten, wobei vor allem auf Robert Petsch (s. u.) zu verweisen ist.

Allerdings kann auch nicht übersehen werden, daß Jolles' Versuch in vielem als vorläufig und revisionsbedürftig anzusehen ist. Bei der Frage »Was ist die Legende ihrem Wesen nach?« wurde das *Problem des Religiösen* ausgeklammert. Die Geistesbeschäftigung der imitatio ist eine elementare, gewissermaßen präreligiöse und betrifft, wie *Joseph Dabrock* (s. u.) und *Alfred Schossig* (s. u.) dartaten, ebenso oder weit mehr *weltliche Helden*. Da auch nach Jolles beim Schwächerwerden der Geistesbeschäftigung der imitatio an die Stelle der christlichen Heiligenlegende der *Sportbericht* der modernen Zeitung über Rekordleistungen tritt (»Die einfache Form Legende liegt vor in der . . . Sportberichterstattung«), ist das Spezifische der Legende, das Religiöse, mit der Geistesbeschäftigung der imitatio nicht erfaßt. Auch muß es Bedenken erregen, wenn die *Wallfahrt zu einem Heiligengrab* als imitatio der Heiligwerdung angesehen wird unter Negierung der tatsächlich zugrunde liegenden Gedanken der Buße, Devotion, Verehrung und Fürbitte, die Reliquie als Gegenstand, in dem sich die Tugend des betreffenden Heiligen lebendig zeige, statt, dem Elementargedanken aller Völker folgend, als orendistisches kraftgeladenes Objekt, und wenn die Legende an die Bewährung der Tugend des Heiligen geknüpft wird. Für Jolles sind denn auch Pindars Siegeslieder Legenden nachahmungswürdiger Wettkämpfe, während die olympischen Wettkämpfe in Wirklichkeit Teile des religiösen Kultes waren und als solche verstanden werden müssen. Während bei Jolles das Heilige als Tugendfülle in einer Linie mit sportlicher Leistungsfähigkeit steht, hat sich in der Religionswissenschaft eine ganz andere Vorstellung vom Wesen des *Heiligen als des Numino-*

*sen*, Andersartigen gebildet (vor allem *Rudolf Otto*, »Das Heilige«, 1917;[28]1947; »Das Gefühl des Überweltlichen«, 1932), die es nicht zuläßt, im Begriff der imitatio eines in Tugend Bewährten die religiöse Legende und den Sportbericht einer modernen Zeitung auf einen Nenner zu bringen.

Deshalb lehnte *Joseph Dabrock* (1934) die imitatio als für die Legende wesentliches Merkmal ab. Er glaubte der Legende als religiöser Erzählung eher gerecht zu werden, wenn er ihr die Aufgabe zuwies, die *Existenz Gottes zu beweisen*. In der säkularisierten Welt von heute trete an die Stelle Gottes ein Naturprinzip, an die Stelle des Wunders ein Symbol, so daß die von jeder Gottgläubigkeit entblößten Symbolmärchen als die *säkularisierten Legenden* unserer Zeit zu bezeichnen seien. Hierdurch würde es möglich, zahlreiche moderne Dichtungen, die das Wort ›Legende‹ beanspruchen, der Gattung der Legende anzugliedern und wohl mit größerem Recht als den Sportbericht der modernen Zeitung. Dabrock verkannte jedoch, daß die christliche Heiligenlegende zwar die Existenz Gottes voraussetzt, aber keineswegs ihren Beweis zum Inhalt hat. Auch wäre es zweifelhaft, ob man ihres Stoffes und Sinngehaltes entleerte Legenden sinnvoll noch ›Legenden‹ nennen kann, da man ja auch nicht die weltliche Kontrafaktur eines Kirchenliedes noch »Kirchenlied« nennt. Entgegen dieser von Dabrock vorgeschlagenen Ausweitung des Begriffes Legende plädierte *Hellmut Rosenfeld* (1940, 1947, 1952, 1965, 1974) dafür, den Begriff ›Legende‹ auf das einzuschränken, für das der Name geprägt wurde und für das er bis zum 16. Jh. auch ganz allein Geltung hatte: auf die *dichterische Wiedergabe des irdischen Lebens heiliger Personen* (auch die »Mirakelerzählungen« seien auszuscheiden). Voraussetzung echter Legende sei der Glaube. Die Geltung der Legende beschränke sich auf die Religionsgemeinschaft, in der sie erwuchs. Weil sie aus dem Glauben erwachse, habe sie die Form eines einfachen, naiven unreflektierten Berichtes. *In Parallele zur weltlichen Heldensage sei sie eine Art religiöse Heldensage* (1953), zu der nicht notwendig, aber mit Selbstverständlichkeit auch die Einbeziehung von Wundern gehöre. Ziel sei die Durchdringung von Menschlichkeit und Heiligkeit, um gleicherweise die Ansprechbarkeit des Heiligen und zugleich seine Berufung zu Fürbitte und Hilfe darzutun. Die gleiche Einschränkung der Legende auf *Erzählung von Heiligen oder göttlichen Wesen in menschlicher Gestalt* und die jeweilige Religion hatte vorher bereits *Wolfgang Kayser* (»Geschichte der deutschen Ballade«, 1936) im Bereich der Ballade festgestellt. Daraus folge, daß (balladenhafte) Legenden *eines* Kulturkreises in einem anderen als (reine) Balladen aufgefaßt würden, da hier die religiöse Gültigkeit fehle.

Schon *Jost Trier* (1924) wandte bei seiner Beschäftigung mit einem einzelnen Heiligen seine Aufmerksamkeit auf die besonderen Form- und Gestaltungsprobleme der Legende und stellte zwei Legendentypen fest. Die sog. *kurzfristige Legende* schmücke das irdische Leben ihres Heiligen mit einer Kette von Zügen aus, die als gängige Legendenmotive von einem Heiligen auf den anderen übertragen werden, ohne irgendwie Richtung und Gestalt dieses Lebens an irgendeiner Stelle kausal zu beeinflussen. Der Zeitraum zwischen der historischen Existenz des Heiligen und erster schriftlicher Gestaltung seines Lebens war verhältnismäßig kurz, so daß man das Leben nur ausschmückte, nicht aber änderte. Bei den *langfristigen Legenden*, d.h. den Legenden, bei denen die legenschaffenden Kräfte und Zeiträume bedeutender waren, werde dagegen das Heiligenleben an entscheidenden Punkten durch ausgesprochen legendäre Ereignisse gelenkt, so daß das Ursprüngliche historische Leben dadurch umgeformt werde. Diese Legenden zeichneten sich dadurch aus, daß sie neben allgemein gängigen Legendenmotiven in der Art der auch in den kurzfristig üblichen stets irgendeinen spezialiter ihnen und ihrem Heiligen zukommenden legendären Bestandteil enthielten. Darin liegt eine stärkere *dichterische Durchdringung der Heiligenvita*, während in der Reihung von Motiven in ein mehr oder weniger historisches Heiligenleben ein primitiver Formsinn liegt. Damit werden wir auf das Problem der »einfachen Formen« zurückgewiesen.

In einer Auseinandersetzung mit Jolles und seiner These von den »einfachen Formen« unternahm es *Robert Petsch* (1932), die *Gestaltform der Legende* tiefer zu ergründen, ohne aber dabei der Herkunft der Legende aus der christlichen Religiosität und die Beschränkung des Begriffes auf christliche Heiligenleben zu bezweifeln. Als Inhalt der Legende sieht er *heldische Bewährung mit dem Ziel der Gottverähnlichung*. Zur Form der Legende gehören nach Petsch das Vermeiden tatsächlich-biographischer Vollständigkeit; Geburts- und Kindheitserzählungen seien Rahmenelemente und nur Gegengewicht zum gottseligen Tod. Auf sinnliche Verlebendigung werde kein Gewicht gelegt, vielmehr richte sich die sprachliche Gestaltung auf Ausschöpfung des tiefsten religiös-vorbildlichen Gehaltes und auf sprachlich wirksame Motive. Konflikte würden in Art eines Agon gebracht, Sinneswandlung und Gegnerschaft superlativisch kontrastiert, andere Motive durch Wiederholung und Vorstellungen durch Wortbilder ins Ungeheuerliche gesteigert. Die Erzählweise ziele auf Hingabe und Bewunderung. Das, was Rosenfeld (1953) Gestaltung eines Wunschbildes nennt, ist für Petsch im Anschluß an Jolles *Verwandlung des feiernden Ichs in den Heiligen* und Arbeit an seiner Wiedervergottung. Zwei Jahre später stellt *Petsch* (1934) die Legende in allgemeinere Zusammenhänge. Er sieht sie jetzt als *Unterform der Heldensage*, als ihre einfachste Form aber die anekdotische Legende, die immer in theokratischen Völkern und Zeiten geblüht habe. Motive wie die Berufung zum Prophetentum und anfängliche Weigerung des Frommen, Prüfungen und Qualen bis zum Sieg kehrten immer wieder. Die Legende stehe mit Jolles eine *Antilegende*, die Darstellung des Schicksales gott- und menschenfeindlicher Wesen, gegenüber. Anders als 1932 unterscheidet Petsch jetzt *Kultlegenden*, die die Macht der Himmlischen in der Art einer Götter-Aretalogie beispielhaft erwiesen, und *Heiligenlegenden*, die ein hohes Menschentum von heroischer Art feierten. Auf niederer Stufe stünden Erzählungen, die vor Dämonen warnen; sie gingen ins Schwankhafte über, wenn die Dämonenabwehr ohne göttliche Hilfe erfolge.

Petschs Darlegungen sind (nach Jolles) das Ausführlichste, was zur Gestaltform der Legende gesagt wurde. Der Märchenforscher *Walter A. Berendsohn* (1933) stimmte zwar hinsichtlich des Märchens Jolles zu, betonte aber, daß gerade die *Legende keine einfache Form* sei, sondern als Heiligenlegende »zweifellos ein Stück Literatur, unlösbar von der christlichen Kirche und ihrem Vorstellungskreis, also ein Erzeugnis hochentwickelten geistigen Lebens«. Auch *Paul Zaunert* (1935) knüpft an Jolles an, bleibt aber als Volkskundler im Bereich des Inhaltlichen und sieht die *Verwandtschaft von Sage und Legende*. Die Legende, die vom Leben und Wirken des Heiligen melde, sei für den Kreis der Gläubigen ein Wahrheitsbericht wie die Sage für den Kreis, in dem sie lebt. Die Legende sei nicht nur eine erbauliche schöne Geschichte, sie führe zu etwas unmittelbar Wirkendem hin, das mit der Heiligsprechung mobil gemacht sei. Wichtig ist ihm vor allem die Eindeutschung der aus der Fremde kommenden Stoffe und Motive. Die *Mirakelerzählungen* zieht er (ohne diesen Ausdruck zu gebrauchen) als »Überlieferungen von heiligen Stätten und Dingen« zur Legende hinzu. Die neuen Kultmittelpunkte der Landschaft sollten, so meint er, von vornherein durch ein Wunder, durch unmittelbares Eingreifen Gottes in die Geschehnisse aus der Umwelt herausgehoben und verklärt, zugleich aber das Heilige, das Wunder, mit der Heimaterde vermählt werden: daß vielmehr der Gläubige für seinen Heiligen durch diese Mirakelerzählungen werben will, wird verkannt. Enger an Jolles knüpfte wieder *Alfred Schossig* (1935) an, als er die verbalen Aktionsarten und Aspekte der *Livres des faits* zu deuten suchte. Er kommt zu dem Ergebnis, die Kunstform des Livre des faits (14. bis 16. Jh.) habe die einfache Form ›Legende‹ als Grundlage. Wie der Heilige für die religiöse Gemeinschaft imitabile sei, so der bon chevalier für die ritterliche Welt. Heiliger werde man durch Heilstaten, bon chevalier durch hauts faits. Wie der Heilige im Kanonisationsprozeß formelhaft festgelegt werde, so entstehe der bon chevalier in einem Prozeß, der im jugendlichen Spiel beginne und in Waffengang und Schlacht ausgetragen werde. Der Ruf des Ritters werde bekannt wie der des Heiligen; Schwert, Lanze, Schild und Rüstung würden wie die Reliquie des Heiligen zu Gegenständen der Geistesbeschäftigung imitatio; das Livre des faits wie die Heiligenvita sei eine Aufforderung zur Nachfolge. Damit wird die Grenze zwischen Heiligenlegende und ritterlichem Livre des faits von der Grundform her aufgehoben, der Unterschied nur noch stoffbedingt.

Bedeutsamer wäre aber, vom *Strukturellen* her dem Phänomen Legende näher zu kommen. *Wolfgang Kayser*, der 1936 in seiner Geschichte der Ballade auf die Legende einging, hat bei seiner Betrachtung des sprachlichen Kunstwerkes (1948, ¹⁵1971) der Legende nicht ausdrücklich Erwähnung getan. Er stellt als Strukturform des Epischen Figur, Geschehen und Raum auf. Wenn er dem *Roman* vor allem die Raumsubstanz zuweist, der *Novelle* und *Ballade* das Strukturelement des Geschehens, so hätte er für das Strukturelement der Figur statt der *Kriminalgeschichte* besser *Heldendichtung* und *Legende* nennen können. Damit wäre für die Legende etwas sehr Wichtiges ausgesagt. Weiterweisendes weiß auch *Max Lüthi* in seiner Phänomenologie des Volksmärchens (1947, ³1968) bei seiner stark systematisierenden Gegenüberstellung von *Volksmärchen* und *Legende* zu sagen. Ist ihm das Volksmärchen eine mehrgliedrige, welthaltige Abenteuererzählung von spielerischer Gesamtschau der Welt, wie sie im Wesen ist oder sein sollte, so sieht er die Aufgabe der Legende darin, das Dasein als Wirkung der transzendenten Welt zu offenbaren und ihre Forderung zu verkünden. Der Mehrgliedrigkeit des Märchens entgegen werde in *Sage und Legende zunächst nur eine Einzelepisode* gestaltet. Das Wunder, dem Märchen etwas Selbstverständliches, sei der Legende Offenbarung des alles beherrschenden Gottes. Ungleich der *Sage*, die Fragen stelle, gebe die Legende Antwort und ordne das einzelne Geschehen in dogmatischen Zusammenhang. Wichtig in Hinsicht auf die Frage, ob die Legende eine »einfache Form« sei, ist auch hier wieder die Feststellung, die Legende werde unter kirchlichem Einfluß gedichtet, gesammelt, gepflegt und verbreitet.

*Legende* und *Sage* haben nach *Gustav Mensching* (1962) gemeinsam die historisch-menschliche Beziehung. Sage sei aber in Zeitlosigkeit und Mangel historischer Fixiertheit dem *Mythos* strukturverwandt. Aber wenn Mythos sich nur auf numinose Wirklichkeit beziehe, so die Sage auf bestimmte Orte, Zeiten, Heldengestalten. Hingegen seien Märchen wie Mythos zeitlos und wurzelten im Magischen, nur sei das Märchen säkularisiert. Dem *Strukturtypos des Mythos* gehöre die Kultlegende ungeschichtlicher Kultheroen an, während die *eigentliche Legende sich wie die Sage auf bestimmte Persönlichkeiten* beziehe, ohne wirklichkeitsgetreu zu berichten. Sie verkläre das Leben schöpferischer religiöser (auch außerchristlicher) Persönlichkeiten, sei aber wie Mythos, Sage und Märchen ungeschichtlich.

In Beschränkung auf die *englische Heiligenlegende* des Mittelalters hat *Theodor Wolpers* eine eingehende Formgeschichte des Legendenerzählens versucht (1964). Er betont die formprägende Bedeutung der *erbaulichen Betrachtung* und nimmt deshalb die Frage nach der Darbietungssituation und nach den verschiedenen Erbauungstendenzen, die wirksam geworden sind, zum methodischen Ausgangspunkt. Wichtig ist die Beobachtung, daß die englischen *Einzellegenden* stärker von der weltlichen Formtradition bestimmt werden als die kirchlichen *Legendensammlungen.* Daß im Wandel der Frömmigkeitshaltung auch die Darbietungsform sich wandelt, wird dabei deutlich gemacht, wenngleich der *legendarische Erzählton* gewissermaßen konstant bleibt. Ergebnis bleibt, daß Struktur und Formensprache der Heiligenlegende wesentlich bestimmt sind von einem mehr oder weniger in die Darstellung integrierten und wechselnd akzentuierten Betrachtungsmoment; dabei ergeben sich auch Beziehungen zur Sakralmalerei. Wie weit diese am englischen Legendenmaterial erarbeiteten Erkenntnisse sich auf die deutsche Legendengeschichte übertragen lassen, bleibt zu erproben.

Eine Gattungspoetik der Legende versuchte *Rolf Schulmeister* 1971 auf den Begriffen »*aedificatio*« (Erbauung als Evokation spiritueller Wahrheiten) und »*imitatio*« aufzubauen. Beide Zielbestrebungen erweisen sich jedoch konstitutiv für die gesamte *geistliche Literatur.* Erst durch die spezifische formale Verwirklichung dieser Intentionen hebt sich die Legende als eigene Gattung ab, nämlich durch ihre *Figuralstruktur,* die Zentrierung in der Figur eines Heiligen, der selbst wiederum exemplarisch ist. Daß diese intentionale Poetik nur an drei Kunstlegenden (»*Armer Heinrich*«, »*Guter Gerhard*«, »*Wilhelm von Wenden*«) und nicht an Gebrauchslegenden demonstriert wird, mindert die Brauchbarkeit dieser Theorie erheblich.

Mit Recht hält *Gisbert Kranz* 1967 für entscheidend, daß die Legende sich *symbolischer Mittel* bedient, um Glaubenserfahrungen und übernatürliche Wahrheiten ins Bild zu bannen. Dabei wird oft, wie *Erhard Dorn* 1967 betont, das Emporsteigen aus tiefster Sündhaftigkeit durch Buße zur Begnadigung und Heiligung hervorgekehrt, so daß die Legende zu einem Exempel wird, das Sündhaften Mut machen soll, in gleicher Weise um Begnadung zu ringen. Um Formulierung der *Struktur* der Heiligenlegende bemühte sich *Siegfried Ringler* 1975. Der Glaube und Verkündung gnadenhafter Gottverähnlichung seien Ausgangspunkt. Formgebungsabsicht sei Vergegenwärtigung einer Wirklichkeit in einem einfachen Bericht und Beziehung auf eine *einzelne Figur, an der sich das fortdauernde Wirken Gottes offenbare.*

Was neuerdings in Handbüchern über die Legende gesagt wurde, kann nicht befriedigen. Unrichtig ist, wenn *Hans-Jörg Spitz* 1979 die Legende auf herausragende Episoden aus dem Leben von Heiligen einengt und behauptet, die Legende erhebe den Anspruch auf historische Glaubwürdigkeit und stehe somit zwischen Geschichtsschreibung und Dichtung. Auch *Winfried Woesler* (1981) erweist sich, wo er nicht der 1. Auflage meiner »Legende« (1961) folgt, als schlecht unterrichtet. Er bringt Heiligenkult und Legende durcheinander und behauptet, *Reliquien* seien meist *Manifestation der Legende.* Völlig falsch ist auch, daß die Legende sich durch stärkere Ortsbezogenheit von der Sage unterscheide und daß ihre stoffliche Herkunft der des Schwankes ähnele, was eine grundsätzliche Verkennung von Sage, Legende und Schwank bezeugt. Dagegen bietet *Gero von Wilpert* 1979 eine gute Information über die Legende und ihre Geschichte.

## 3. Forschungsaufgaben

Die Skizzierung der Forschungsgeschichte ergab eine gewisse Einmütigkeit darüber, die *Legende in erster Linie als dichterisch verklärtes Heiligenleben* (oder eine Episode daraus) anzusehen und ihre Form als einfachen, naiven, d.h. vorbehaltlosen, gläubigen, auf das Wesentliche beschränkten Bericht. Es wurde aber verschiedentlich die Neigung beobachtet, der Legende auch die Kultlegenden zuzuzählen und *den Begriff zu verallgemeinern und auch Göttermythen und Naturmythen hinzuzuzählen.* Eine Phänomenologie der Legende in Art der Phänomenologie des Volksmärchens durch Lüthi und eine ausführliche Gattungsgeschichte sind aber nur möglich, wenn man sich über den Umkreis und Umfang dessen, was man als Legende zu betrachten hat, einigermaßen einig wird. Eine vordringliche Forschungsaufgabe ist demgemäß unter anderem die reinliche Scheidung von *Mythus und Legende.* Das Wort ›Legende‹ wurde geprägt allein für die Heiligenlegende und hat bis ins 16. Jh. hinein unbestritten auch nur die Heiligenlegende bezeichnet. Eine Ausdehnung des Begriffes auf *Mirakelerzählun-*

*gen* und den ganzen Bereich der *Göttersagen* und *religiösen Mythen* bedürfte sorgfältiger Überlegung und stichhaltiger Begründung.

Die Forschung hat immer wieder die Bindung der Legende an die jeweilige Religionsgemeinschaft betont. Das würde bedeuten, daß die Gattung ›Legende‹ wie das Kirchenlied eine auf die betreffende Religionsgemeinschaft beschränkte Gattung ist, daß also das *Religiöse für die Gattung konstitutiv* ist. Es gilt einmal, das Problem der »*christlichen Legende*« zu lösen, es gilt außerdem, scheinbar oder wirklich verwandte Erscheinungen anderer Religionsgemeinschaften im Vergleich mit der christlichen Legende oder für sich zu untersuchen. Aus dieser Problemstellung erwachsen eine Fülle von Forschungsaufgaben, nicht zuletzt, weil es eine Auseinandersetzung mit dem Religiösen als gattungsbestimmendem Faktor ist. Statt »Nachahmung eines in Tugend Bewährten« taucht hier das Problem der *Heiligenverehrung* auf. Heiligenverehrung bedeutet Beschäftigung mit dem Numinosen und ist vielleicht zu begreifen als der Versuch, das unbegreifliche Numinose im Leben und Sterben von Menschen mit göttlicher Begnadung ansprechbar zu machen, ohne es seiner Heiligkeit und Würde zu berauben. *Dieses Problem ist durch die Menschwerdung Christi vorgeformt* und wiederholt sich bei der Bildung christlicher Heiliger. Wieweit bei anderen Religionen Vergleichbares geschieht oder geschah, wieweit z.B. der Heroenkult eine Vorform oder gar der Anlaß zur Bildung christlicher Heiligenverehrung war, muß sorgfältig geprüft werden. Zugleich nötigt der Begriff des Numinosen dazu, die bisherigen Formulierungen über den erbaulichen und didaktischen Charakter der Legende, ihre dogamtische Bindung und Aufgabe zu überprüfen und eine angemessenere Auffassung zu erarbeiten.

Ein anderes Forschungsproblem ist das Verhältnis von *Legende und Sage*, zumal die Sage sich weitgehend mit dem Hereinragen des Numinosen in den Alltag befaßt. Die *Sage* befaßt sich jedoch mit *Geschehnissen*, die Legende, um an Kayser anzuknüpfen, mit *Figuren*. Die Sage stellt als Volkssage wirklich das Beispiel einer einfachen Form dar. Die Legende wird in erster Linie von *literarischen Motiven* gespeist und von der *kirchlichen Oberschicht* dargeboten. Wie verhält sich hier die literarisch-dichterische Darbietung durch Legendendichter zur Übernahme durch die Schicht, die nicht nur Träger, sondern weitgehend auch Urheber der Volkssage ist? Wieweit wird die Legende, die literarisch dargeboten wird, *von dem Volk akzeptiert* und zu eigen gemacht und wieweit wirkt das auf die weitere Ausbildung oder Umbildung der Legende zurück? Das Problem spitzt sich zu, wenn man *Heldensage und Legende* nebeneinander stellt. Auch die Heldensage ist keineswegs Volkssage, sondern dichterische Verklärung geschichtlicher Gestalten, wenn sie auch möglicherweise auf der sich bildenden Volkssage aufbaut. Das Problem wird aber noch dadurch verkompliziert, daß die Heldensage heute z. T. als verweltlicher Mythus oder als unter dem Druck des Archetypus mythisierte Geschichte aufgefaßt wird *(Jan de Vries)*. Das Verhältnis von Heldensage und Legende zu klären wird damit zu einem dringenden Bedürfnis. Andrerseits wird die *Volkserzählforschung,* die sich der Motive, Traditions-wege und Funktion der Volkslegende angenommen hat, guttun, stärker den Unterschied zwischen *Legende, Mirakel, Exempel, Sage, Märchen* zu beachten. *Leopold Schmidt* (1963) konnte sich nicht entschließen, Wunder berichtende Volkserzählungen anders als »Legenden« zu bezeichnen, obwohl er meine (bereits Legende und Mirakel scheidende) 1. Auflage (1961) an dieser Stelle ausdrücklich anerkennend nennt (S. 237). *Leopold Kretzenbacher* hat allenthalben, auch bei systematischen Wanderfahrten, wertvolles Volkserzählgut und Volks-Bildgut gesammelt und verarbeitet, konnte sich aber 1970/71 nicht dazu verstehen, *Mirakel* als solche zu bezeichnen. Ausgesprochene Mirakelerzählungen wie die von *Theophilus* und seinem Teufelspakt bezeichnet er vielmehr als *»Rechtslegenden«* oder auch als »Legenden aus dem Erfahrungsbereich des Rechts«. Volkserzählforschung und die allgemeine Literaturgeschichte sollten sich auf eine *übereinstimmendere Terminologie* einigen können.

Einzelne Forscher haben der Legende eine *Antilegende,* die Darstellung des Schicksales gott- und menschenfeindlicher Wesen, an die Seite gestellt. Die Beispiele für solche Legenden unheiliger Personen sind z. T. unglücklich gewählt. Die sogenannten Legenden von *Theophilus* und von der Päpstin *Johanna (Jutta)* sind ausgesprochene *Marienmirakel,* die die Macht der Gottesmutter, in aussichtsloser Lage noch zu helfen, ebenso dartun, wie die viel weniger bekannte Geschichte von der *schwangeren Äbtissin* im Scheyrer Matutinalbuch. Wieweit andere Teufelsbündlergeschichten, etwa die stark schwankhaft angelegte von *Faust,* und *Dämonensagen* mit Recht als Antilegenden bezeichnet werden dürfen oder wie wir diese Geschichten einzuschätzen haben, bedarf gerade im Hinblick auf den numinosen Untergrund der Legende gewissenhafter Betrachtung.

Wenn die *Bindung an einen religiösen Glauben und Kult* konstitutives Element der *Gattung Legende* ist, taucht erneut das Problem auf, wieweit ihres religiösen Glaubens beraubte oder *ihres religiösen Sinnes entleerte Legenden,* wieweit selbst ihres ursprünglichen religiösen Stoffes beraubte Parabeln, Geschichten und legendäre Symbolmärchen der Gattung Legende noch zugerechnet werden können und dürfen. Günther Müller rechnete mit dem Wandel der Gattungshaftigkeit im Verlaufe der Jahrhunderte. Ob bei Schwinden des religiösen Sinnes oder Glaubens noch eine echte Legende verwirklicht werden kann oder ob nicht viel eher von bloßer Nachahmung, von Verwendung des Stoffes oder von Travestie, vielleicht aber auch von Parodie geredet werden sollte oder muß, bleibt gewissenschafter Untersuchung wert.

Wieweit können echte alte Legenden Rückschlüsse über *historische Ereignisse*, kulturgeschichtliche Fakten oder soziale Verhältnisse ermöglichen? Hier wird man sehr behutsam prüfen müssen, da die Legenden ja literarische Werke sind und vielfach und sehr früh Motive aus anderen Legenden oder Literaturwerken unbedenklich übernehmen, um fülliger zu werden. Es muß also zunächst festgestellt werden, ob die interessierenden Fakten ursprünglich sind und nicht bloß entlehnt. Wo eine örtlich gebundene Legende von Zuwanderung der betreffenden Heiligen spricht, kann man darin hier und da ein Wissen um die Zuwanderung des Kultes ins Auge fassen (vgl. *Rosenfeld*, Schlern 53, 1979, S. 560), wobei man von *Ursprungslegende* oder *Ursprungssage* sprechen kann. Zur Frage, ob alte Legenden Sozialgeschehen und *Sozialkritik* widerspiegeln, hat *Leopold Kretzenbacher* 1977 Stellung genommen, und zwar an geeigneten Beispielen. Sein Ergebnis ist, daß keine Mitteilungen über zeit- und ortsbezogenes Sozialgeschehen im Sinne von Sozialkritik gemacht werden, weil die oberschichtlich vom Klerus gesteuerte Legende *rein religiös* bezogen bleibt und für eine *caritas socialis* wirbt, nicht aber für weltliche Gerechtigkeit.

Diesen grundsätzlichen Problemen reihen sich die eigentlichen *Gestaltungsprobleme* an. In der Forschung wurden mehr nebenbei als systematisch verschiedene Legendentypen aufgewiesen, die episodische, die episodenreihende, die mehr dichterisch durchgestaltete Legende *(Jost Trier)*, die zur Heldendichtung tendierende Legende *(Petsch, Rosenfeld)*. Das könnte den Ausgangspunkt systematsicher Untersuchung des Legendenmaterials bilden. Dabei taucht sofort wieder das Problem auf, wieweit der Gattungscharakter noch gewahrt werden kann bei Überprägung durch andere Gattungsformen wie *Hymne, Ballade, Novelle, Epos, Roman*. Ist z. B. eine sogenannte *Legendennovelle* oder ein *Legendenlied (Kretzenbacher*, 1973) noch der Gattung Legende zuzurechnen? Da die *Novelle* ihrer Struktur nach vorwiegend auf Geschehen, die *Legende* aber vorwiegend auf die Figur ausgerichtet ist, wird hier ein Kriterium liegen und ein Schlüssel zur Entscheidung, und das gleiche gilt gegenüber der Raumstruktur von *Epos* und *Roman*. Aber auch aus der Darbietungsart ergeben sich Grenzen und Scheidungen. Wenn die Legende als dichterisch verklärter, vorbehaltloser gläubiger Bericht über das Leben Heiliger zu formulieren war, so wird jede Psychologisierung, die das Heilige ableiten, erklären oder begründen will, dem Wahrheitscharakter und der vorbehaltlosen Gläubigkeit der Legende Abbruch tun und schließlich zu einer anderen Gattungsform hinüberführen. Dies wäre an markanten Beispielen und Gegenbeispielen im einzelnen zu untersuchen.

Es ergibt sich also, daß der Gattungscharakter der Legende bestimmte Darstellungsarten ausschließt. Damit wird die Frage akut, welche *erzählerischen Darstellungsmittel* ihr angemessen sind. Gibt es typische Anfangs- und Verknüpfungsformen, typische Handlungsführung und Figurenbehandlung oder bestimmte Darstellung der Dinge, der Umwelt und der Zeit, eine eigene Seinsweise der Legende? Einiges hat bereits Petsch darüber gesagt. Daran wäre anzuknüpfen. Ist der Umkreis der Legende einigermaßen sicher gezogen und das Material dadurch eingegrenzt, so wird die *Erzählforschung* diese und andere Einzelheiten untersuchen und ergründen können. Alles in allem werden wir dann etwas erfahren vom *Wandel der Gattungshaftigkeit und von der Konstanz der Legende*, von ihrer idealen und ihrer pragmatischen Gestalt, von ihrer Hochform und ihrer Volksform, von ihrer Beständigkeit und ihrem Verfall, und damit werden wir zu einer wirklichen Phänomenologie und zu einer umfassenden Geschichte kommen können, für die mit der folgenden Darstellung notwendig nur ein erster Umriß gegeben werden kann und soll. Auf die von Wolpers gebotenen Prinzipien für eine Formgeschichte des Legendenerzählens sei dabei für weitere Forschung ausdrücklich hingewiesen.

### 4. Literatur zum Forschungsbericht
### (chronologisch)

*Hermann Usener*, Die Legenden der Hl. Pelagia, Festschr. z. 34. Vers. dt. Philol. zu Trier, 1879.

*Gustav Rösch*, Astarte-Maria. Theol. Studien u. Krit., 1888, S. 265 bis 299.

*Adolf Harnack*, Legenden als Geschichtsquellen, Preuß. Jahrb. 65, 1890, S. 249–266; *desgl.:* Reden und Aufsätze 1, 1904, S. 3–26.

*Albrecht Wirth*, Danae in christlichen Legenden, 1892.

*J. Rendel Harris*, The dioscuri in the christian legends, 1903.

*Hippolyte Delehaye*, Les légendes hagiographiques, 1905.

*Heinrich Günter*, Legendenstudien, 1906.

*Ludwig Deubner*, Cosmas und Damian, 1907.

*Wilhelm Wundt*, Märchen, Sage und Legende als Entwicklungsformen des Mythus, Arch. f. Religionsgesch. 11, 1908, S. 200–222.

*Ders.*, Völkerpsychologie Bd. 2, Tl. 3, 1909, S. 29ff.; Bd. 3, ²1908, S. 349; Bd. 6 ² 1915, S. 200.

*Hippolyte Delehaye*, Les légendes grecques des Saints militaires, 1909.

*Heinrich Günter*, Die christliche Legende des Abendlandes, 1910 (Religionswiss. Bibl. 2).

*Hippolyte Delehaye*, Les passions des martyres et les genres litteraires, 1921.

*Heinrich Günter*, Buddha in der abendländischen Legende?, 1922.

*Jost Trier:* Der hl. Jodokus, sein Leben und seine Verehrung, 1924 (Germanist. Abhandlungen 56).

*Julius Petersen*, Zur Lehre von den Dichtungsgattungen, Festschr. f. Aug. Sauer, 1925, S. 72–116.

*Paul Merker*, Legende, RL II, 1926/28, S. 176–200.

*Oskar Rühle*, Legende. RGG III, ²1929, Sp. 1523–1524.

*Günther Müller*, Bemerkungen zur Gattungspoetik, Philos. Anz. 3, 1929, S. 129–147.

*Ders.*, Katholische Gegenwartsdichtung, Legendendichter, Schweizer Rundschau 30, 1930, S. 326–335.

*Ders.*, Die Form der Legende und Karl Borromäus Heinrich. Euphorion 31, 1930, S. 454–468.

*André Jolles*, Einfache Formen, 1929; ²1959 [Halle] mit Nachtr. u. Reg., hrsg. v. A. Schossig; photomech. Neudr. = ⁴1968 [Tübingen].

*Walter A. Berendsohn*, Einfache Formen, Handwörterbuch d. dt. Märchens 1, 1930/33, S. 484–498.

*Rudolf Günther*, Über die abendländische Heiligenlegende (Forschungsbericht), Theol. Rundschau N.F. 3, 1931, S. 18–48.

*Karl Viëtor*, Probleme der literarischen Gattungsgeschichte. DVjs. 9, 1931, S. 425–427; auch in K. V.: Geist und Form, 1952, S. 292 bis 309.

*Robert Petsch*, Die Lehre von den ›Einfachen Formen‹. 2. Die Legende, DVjS 10, 1932, S. 346–357; auch in R. P.: Dt. Lit.-wiss., 1940 (German. Studien 222), S. 162–168.

*Ders.*, Wesen und Formen der Erzählkunst, 1934, ²1942 (DVjS-Buchreihe 20).

*Alfons Zimmermann*, Legende, LThK. 6, 1934, Sp. 450–452.

*Joseph Dabrock*, Die christliche Legende und ihre Gestaltung in moderner deutscher Dichtung als Grundlage einer Typologie der Legende, Diss. Bonn 1934.

*Paul Zaunert*, Sage und Legende, Handb. d. dt. Volkskunde 2, 1935, Sp. 326–351.

*Wolfgang Kayser*, Geschichte der deutschen Ballade, 1936, S. 122f.

*Alfred Schossig*, Einfache Form Legende und Kunstform ›Livre des faits‹, in A. Sch., Verbum, Aktionsart u. Aspekt in der Histoire Du Seigneur De Bayart par Le Serviteur, 1936 (Beihefte d. Ztschr. f. roman. Philol. 87), S. 30–59.

*Hellmut Rosenfeld*, Zu Ittner ›The christian legend in german literature since romanticism‹ 1937, ZfdA 77, 1940, Anz. S. 146–148.

*Ders.*, Das Wesen der Legende als literar. Gattung, Neues Abendland 2 1947, S. 237–238.

*Max Lüthi*, Das europäische Volksmärchen, 1947; ⁶1978 (Dalph-Taschenbücher 351).

*Wolfgang Kayser*, Das sprachliche Kunstwerk, 1948; ¹⁸1978.

*Heinrich Günter*, Psychologie der Legende, Studien zu einer wissenschaftlichen Heiligen-Geschichte, 1949.

*Leopold Kretzenbacher*, Legendenforschung in Innerösterreich, Carinthia I, Bd. 141, 1951, S. 792–795.

*Ingeborg Brüning*, Das Wunder in der mittelalterlichen Legende, Diss. Frankfurt/M. 1952 (Masch.).

*Hellmut Rosenfeld*, Die Legende als literarische Gattung. GRM 33, 1952, S. 70–74. *Ders.*, Die Legende von der keuschen Nonne, Beitr. z. Soziologie von Legenden- u. Sagenbildung, Bayr. Jahrb. f. Volkskunde 1953, S. 43–46.

*Herbert Seidler*, Legende. Kleines literar. Lexikon, in 2. Aufl. hrsg. v. W. Kayser, 1953, S. 82; ³1961 Bd. 1, S. 132 (Slg Dalp 15).

*Jan de Vries*, Betrachtungen zum Märchen, besonders in seinem Verhältnis zu Heldensage u. Mythos, Helsinki 1954 (FF Communications 150).

*Siegfried Sudhof*, Die Legende, ein Versuch zu ihrer Bestimmung. Studium generale 11, 1958, S. 691–699.

*Wolfgang Mohr*, Einfache Formen. RL ²1, 1958, S. 321–328.

*Hellmut Rosenfeld*, Legende. RL ²2, 1959, S. 13–31.

*Winfried Böhne*, Legende, LThK ²6, 1961, Sp. 876–878.

*C. M. Edsman, E. Jacob, G. Iber, L. Schmidt, K. Ranke*, Sagen und Legenden. RGG ²5, 1961, Sp. 1300–1314.

*Max Lüthi*, Märchen, ¹1962, ⁷1979 (Slg Metzler 16).

*Gustav Mensching*, Geschichtsbezogene Aussageformen der Religion: Bericht, Mythos, Sage, Märchen, Legende, in G. M., Leben und Legende der Religionsstifter, 1962, S. 11–15 (Goldmanns gelbe Taschenbücher 829/830).

*Leopold Schmidt*, Die Volkserzählung, Märchen, Sage, Legende, Schwank, 1963, S. 235–298 (mit Lit. Verz.).

*Alois Selzer*, Zur krit. Analyse der Legende, Studia Instituti Anthropos, Wien 1963, S. 499–507.

*Theodor Wolpers*, Die engl. Heiligenlegende des MA.s, Formgeschichte des Legendenerzählens von der spätantiken lat. Tradition bis zur Mitte des 16. Jhs., 1964.

*Georg Höltker*, Heidn. Mythengut in christl. Legenden, Neue Zschr. f. Missionswiss. 22, 1966, S. 292 ff.

*Gertrud v. Le Fort*, Vom Wesen der Legende, Neue Schau 27, 1966, S. 11 f.

*Jul. Krzyzanowski*, Legend in literature and folklore, Fabula 9, 1967, S. 111–117.

*Gisbert Kranz*, Die Legende als symbolische Form, Wirkendes Wort 17, 1967, S. 285–312.

*Erhard Dorn*, Der sündige Heilige in der Legende des MA's, 1967.

*Werner Ross*, Die Wahrheit der Legende, Wege zum Menschen 20, 1968, S. 1–5.

*Max Wehrli*, Romane und Legenden im deutschen Hochmittelalter, in: M. W., Formen mittelalterlicher Erzählung, 1970, S. 155–176.

*Leopold Kretzenbacher*, Rechtslegenden abendländischer Volksüberlieferung, 1970; *Ders.*, Bilder und Legenden, Erwandertes und erlebtes Bilder-Denken und Bildererzählen zwischen Byzanz u. d. Abendlande, Klagenfurt 1971.

*Rolf Schulmeister*, Aedificatio und imitatio, Studien zur internationalen Poetik der Legende, 1971.

*Leopold Kretzenbacher*, Legendenlied, *Wilhelm Brednich* (u. a.), Handbuch des Volksliedes Bd. 1, 1973, S. 323–342.

*Hellmut Rosenfeld*, André Jolles, NDB 10, 1974, S. 586/87.

*Siegfried Ringler*, Zur Gattung Legende, Versuch einer Strukturbestimmung d. christl. Heiligenlegende des MA.s, Medium Aevum 31, 1975, S. 255–270

*Leopold Kretzenbacher*, Legende u. Sozialgeschehen zwischen MA u. Barock. Wien 1977.

*Gero von Wilpert*, Sachwörterbuch der Literatur, ⁶1979, S. 448–450.

*Hans-Jörg Spitz*, Legende, *Manfred Lurker*, Wörterbuch d. Symbolik, 1979, S. 334/35.

*Winfried Woesler*, Die Legende, *Otto Knörrich*, Formen der Literatur in Einzeldarstellungen, 1981, S. 236–242.

## 1. Heiligenverehrung, Mirakel, Legende

Legenden gibt es auch in außerchristlichen Religionen. Für das Christentum ist die Legende aus verschiedenen Gründen besonders bedeutsam geworden, und die christliche Legende ist es ja auch, die den deutschen Legendendichtungen zugrunde liegt. Ihre Bedeutung und Verbreitung beruht auf der *Heiligenverehrung*, dem Ehrendienst (cultus duliae), der den Heiligen und Engeln wegen ihrer übernatürlichen, von Gott verliehenen Gnadenvorzüge gewährt wird: die Vorschrift, der einzelnen Heiligen an ihren Jahrestagen zu gedenken, hat die Bildung von Legenden, zumal für solche Heilige, für die keine beglaubigten Viten vorlagen, auf stärkste gefördert. Die Heiligenverehrung scheint für den oberflächlichen Betrachter dem Monotheismus des Christentums zu widersprechen. Man vergißt, daß die Heiligen nicht verehrt und angebetet werden wie der unendliche Gott selbst (cultus latriae = Anbetung). Aber der Mensch wagt im Bewußtsein seiner Sündhaftigkeit nicht, mit kleinen Bitten und Anliegen unmittelbar vor Gott zu treten; er bedient sich dabei gern der *Fürbitte der Heiligen*. Schon das Christentum der apostolischen und nachapostolischen Zeit kennt die Fürbitte Lebender füreinander, schon die heidnische Zeit Opfer und Anrufung der Toten, vor allem der hervorragenden Toten (Heroen), um Segen und Hilfe. Beides fließt zusammen, wenn die Christen der Verfolgungszeit ihre (gewöhnlichen) Toten um Fürbitte bei Gott anriefen. Der Glaube, daß die Märtyrer unmittelbar zu Gott emporsteigen, ließ dann die Anrufung der gewöhnlichen Toten zurücktreten vor den Gebetsformeln an die *Märtyrer*, denen man schließlich über die Fürbitte bei Gott hinaus ein dem der Engel sehr ähnliches Dasein und entsprechende Dienste für die Christenseelen und dann auch für die Lebenden zutraute. Die Kirchenväter des 3. Jh.s – ein Tertullian (160–222), Hippolyt († 236/37), Origenes (185–254), Cyprian (200–258) – kennen bereits die Anrufung der Märtyrer, Engel, Apostel, alttestamentlichen Gerechten und Propheten, und auch in den altchristlichen Grabschriften und Katakombenmalereien Roms finden wir sie unmittelbar bezeugt.

Die Anrufung der Heiligen forderte selbstverständlich alsbald ihre Verwurzelung in der *Liturgie*, in Messe und Brevier. Aus der liturgischen Verehrung erwächst die *Bilderverehrung*, die Weihung von Altären, Kapellen und Kirchen und, in Aufnahme vorchristlicher Gewohnheiten und einem zeitlosen Menschheitsgedanken folgend, der *Reliquienkult*. Der kultischen Heiligenverehrung entspringen der *Heiligenhymnus* und der *Marienpreis;* sie haben, auch wo sie Elemente der Heiligenvita oder Legende benutzen, noch nichts mit der eigentlichen Legende zu tun. Mit der Anrufung der Heiligen nicht nur um Fürbitte bei Gott um das Heil der Seele, sondern auch um Hilfe bei leiblichen Nöten und in unmittelbarer Gefahr, verknüpfen sich *Gebetserhörungen*, die die Macht des Heiligen, in irdischen Nöten zu helfen, bezeugen und bestätigen. *Votivbilder* halten an den Wallfahrtsstätten solche Gebetserhörungen im Bilde fest, manchmal auch mit umfänglicher Beschriftung. Diese Votivbilder müssen aber meist nach einiger Zeit neueren Votivbildern weichen oder werden aus Pietätlosigkeit entfernt.

Zuverlässigere und beständigere Quellen als Votivbilder sind die *Mirakelbücher*. Sie haben sich im Gewahrsam der Betreuer der Wallfahrtsstätte oft Jahrhunderte lang erhalten und bieten einen zusammenfassenden Überblick über die Herkunft der Wallfahrer und die Art der Gebetserhörungen. Da die »gewirkten Zeichen« erst nach Überprüfung und öffentlicher Bekanntgabe unter genauer Namensnennung verzeichnet wurden, sind Mirakelbücher eine einzigartige Quelle für Intensität und Verbreitung des Heiligenkultes, für die Beliebtheit des Gnadenortes, für Art und Wechsel des Patronates, für volkskundliche Fragen aller Art und oft auch für die Medizingeschichte. Die Mirakelbücher der Wallfahrt Grafrath in Oberbayern betreffen die Jahre 1444–1728 (3 Bde; der vierte verlorene Band ging bis 1778). Berichtet werden 12 131 Mirakel aller Art, die Anliegen, die mitgebrachten Opfergaben sowie die Namen und Herkunft aus etwa 1400 süddeutschen Orten. Ein kürzeres Mirakelbuch der St. Blasius-Wallfahrt in Bopfingen/ Württemberg liegt in einer 1512 durch den Stadtschreiber gefertigten Abschrift älterer Aufzeichnungen vor. Von den 178 Mirakeln betreffen 40 Halsleiden, 17 Steinleiden, 13 die Syphilis. Eine besondere Eigenart ist, daß in etwa 30 Fällen jemand sich selbst oder sein gefährdetes Kind als »*leibeigen dem Hl. Blasius*« verlobt, um dadurch des besonderen Schutzes des Heiligen gewiß zu sein. Das gibt es auch anderwärts. Schon 1210 ergab ein Ulricus joculator sich dem *Hl. Stephan in Passau zu leibeigen* (auf Fürsprache des Domherrn Ottokar, da damit eine Altersversorgung durch das Domstift verbunden war). Selbst Kurfürst Maximilian I. von Bayern (1573–1651) gelobte sich und seine Nachkommen 1645 durch einen mit dem eigenen Blut geschriebenen Brief *der Gnadenmutter von Altötting zu leibeigen* (*Kretzenbacher*, 1970, vgl. II, 4). Es gibt dafür auch religionsgeschichtliche Parallelen, die erweisen, daß es sich bei solcher Devotionsform um einen elementaren Völkergedanken im Sinne von Bastian handelt.

Oft werden solche Gebetserhörungen nicht nur schlicht auf dem Votivbild angegeben oder ins Mirakelbuch eingetragen, sondern als eigene Erzählung mit allem drum und dran ausgestaltet. Man spricht dann von *Mirakelerzählungen*. Sie fallen keinesfalls unter den Begriff der Legende, können sich aber der Exempelliteratur nähern. Das Mittelalter zählte sie den *miracula* zu, die jedoch nicht nur Wunder und wunderbare Gebetserhörungen berichten, sondern auch andere seltsame oder merkwürdige Ereignisse aller Art, auch Exempel von Selbstverleugnung, Nächstenliebe, Prophetie, Vision und wunderbarer Geistesbegabung durch Gott. Wir finden sie schon in den »*Dialogi de miraculis*« *Gregors des Grossen* († 604). Besonders bekannt sind die Sammlungen des *Caesarius von Heisterbach* (1180–1240), der »*Dialogus miraculorum*« und die »*Libri VIII miraculorum*«. Mit »Mirakelerzählung« haben wir einen klaren Begriff für Wunder, die nicht von einem auf Erden wandelnden Heiligen vollbracht sind (das erzählt die Legende), sondern Gebetserhörungen, die durch einen erhöhten Heiligen oder ein verehrtes Heiligenbild gewirkt wurden. Die sogenannten *Marienlegenden* sind in der Regel regelrechte *Marien-Mirakelerzählungen*. (Diese Scheidung zwischen Legende und Mirakelerzählung brachte bereits die 1. Auflage dieses Buches, 1961, S. 23 und S. 46/47; Wolfgang Brückner, Volkserzählung und Reformation, 1974, S. 521, zitiert zwar diese 1. Auflage, leugnet das aber und schreibt sich selbst die Priorität dieser Unterscheidung wahrheitswidrig zu).

Der Zusammenhang zwischen Mirakelerzählung und Legende besteht in der Heiligenverehrung selbst. Oft sind es Wunder oder Gebetserhörungen, die eine Kultstätte zur Wallfahrtsstätte machen. Die Betreuer und besonderen Verehrer der betreffenden Kultstätte haben dann oft für eine Neufassung der Heiligenlegende und ihre Verbreitung gesorgt und dabei manchmal als Anhang oder gesondert auch Mirakelerzählungen zugefügt, um ihre Gnadenstätte berühmt und bekannt zu machen und den Kult ihres Heiligen immer weiter auszubreiten. Legenden und Mirakelerzählungen können dann zu regelrechten Propagandaschriften werden.

Die Frage, ob die *historische Existenz* des Heiligen nachzuweisen ist, spielt zunächst keinerlei Rolle. Auch die kirchliche Beglaubigung der Heiligen durch ausdrückliche *Kanonisation* gab es zunächst nicht. Vielmehr hat das Volk spontan Heilige verehrt, oft unmittelbar nach dem Tode, und mit einer Inbrunst und dem Bezeugen von Gebetserhörungen oder Wunderheilungen die kirchlichen und weltlichen örtlichen Behörden mitgerissen. Als der asketisch lebende Avignoner Kardinal *Pierre de Luxembourg*, noch nicht achtzehnjährig, am 2. Juli 1387 starb und nach seinem letzten Willen wie ein Armer auf dem Armenfriedhof St. Michael begraben wurde, hat das Volk ihn spontan als Heiligen verehrt. Man küßte die Eisengitter um sein Grab, rieb sich mit Erde vom Grab das Antlitz und bat ihn um Fürbitte bei Gott. Pilger strömten herbei und in den ersten zwei Jahren nach seinen Tode wurden bereits 964 *Wunder* gezählt. Diese lokale Heiligenverehrung ging Jahrhunderte weiter. Nach einem besonders erschütternden Wunder (5.

Juli 1492) machte man ihn zum *Stadtpatron* Avignons, während die offizielle *Seligsprechung* durch den Papst erst am 9. April 1527 erreicht wurde.

Das Volk war weitherzig in der Wahl seiner Heiligen und hat gelegentlich Menschen, deren wenig heiligmäßiges Leben wir kennen, und hohe Herren wegen milder Stiftungen oder eines unglückseligen Endes zu Heiligen erkoren. Graf *Rasso* von Dießen wurde als Palästinawallfahrer und Klostergründer nach seinem Tod in Grafrath 954 als Heiliger verehrt und gilt als Patron für Bruch- und Steinleiden. Herzog *Sigismund von Burgund* (474–524) war zwar Sammler von Reliquien, Klostergründer und Erbauer von Kirchen, ließ jedoch 522 seinen Sohn erster Ehe Sigirich auf Verleumdung seiner zweiten Gattin hin erdrosseln. Aber als ihn, seine Frau und Kinder sein politischer Gegner, der Frankenkönig Chlodomer 524 in einem Brunnen ertränkte, wurde er als Märtyrer verehrt. Reliquien seines Leibes wurden weit verbreitet und verehrt, bis nach Polen, Böhmen und Österreich, seit 1354 auch im Prager Veitsdom. Angerufen wird er gegen Sumpffieber und Bruchleiden. Als 23. März 1475 in Trient ein zweijähriges Kind im Bach ertrank, beschuldigte man die Juden des Ritualmordes und tötete sie nach einem unfairen Prozeß. Das Kind wurde einbalsamiert und in der Kirche SanPietro vom Volk sofort als Märtyrer und Heiliger verehrt und angerufen, vom Papst aber erst nach hundertjährigem Ringen 1588 als »*Simon von Trient*« ins Martyrologium aufgenommen (aber nach Überprüfung der Prozeßakten 28. 10. 1965 durch die Ritenkongregation gestrichen). Gelegentlich wurden auch erdichtete Gestalten zu Heiligen erhoben und vom Volk gläubig verehrt. Denn die Legende kann, darin der Heldensage ähnlich, anonyme Heldentaten christlicher Standhaftigkeit und unbeugsamen Glaubens zu Heiligengestalten verdichten oder auf einen unbekannten Namen übertragen. Diese Legenden haben dann die Funktion, Gestalten mit exemplarischem Lebenswandel und sichtbarer Begnadung durch Gott den Menschen als nachahmenswerte Vorbilder und Unterpfand überirdischer Hilfe vor Augen zu stellen und damit der hilfsbedürftigen Menschheit religiösen Anreiz, Mut zum Wagnis des Glaubens und Trost in Anfechtung und Not zu geben.

Um der allzu weitherzigen Heiligenerhebung durch den Volksglauben Einhalt zu tun, hat die Kirche sich allmählich eingeschaltet. Die erste geschichtlich nachgewiesene *Kanonisation* ist die des Hl. *Ulrich von Augsburg*. Er wurde sofort nach dem Tod als Volksheiliger verehrt und zwanzig Jahre später 993 von Papst Johannes XV. bestätigt. *Karl der Große* (742–814) wurde am 29. Dezember 1165 aus politischen Gründen vom Kölner Erzbischof Rainald von Dassel mit Einverständnis des Gegenpapstes Paschalis III. in Aachen heiliggesprochen. Daraufhin nahm Papst Alexander III. 1171 die Kanonisation jedes neuen Heiligen für das Papsttum in Anspruch, ohne aber die öffentliche Verehrung der bisherigen Heiligen damit einzuschränken. Erst im Laufe der Zeit wurde das

*Kanonisationsverfahren* weiter ausgebaut und in zwei Stadien, zunächst *Seligsprechung*, später dann die eigentliche *Heiligsprechung*, zerlegt. Schließlich wurde unter Papst Urban VIII. (1623–1637) die prozeßartige Verfahrensweise endgültig festgelegt und ein Zeitraum von fünfzig Jahren zwischen Tod und Beginn des *Kanonisationsverfahrens* zur Regel gemacht. Im Zusammenhang mit dem zweiten Vatikanischen Konzil 1962 bis 1965 wurden einige historisch nicht nachweisbare Heilige gestrichen, darunter auch *Christophorus*, ohne daß damit die fromme Verehrung dieser volkstümlichen Heiligen unterbunden werden konnte.

*Literatur zur Heiligenverehrung:*

*Stephan Beissel*, Die Verehrung der Heiligen und ihrer Reliquien in Deutschland, 2 Bde, 1890–1892.
*Peter Dörfler*, Die Anfänge der Heiligenverehrung nach den römischen Inschriften und Bildwerken, 1913.
*Ernst Lucius*, Die Anfänge des Heiligenkultes in der christlichen Kirche, hrsg. v. Gust. Anrich, 1904.
*Friedrich Pfister*, Der Reliquienkult im Altertum, 2 Bde, 1909/11.
*Heinrich Samson*, Die Schutzheiligen, 1889.
*Edmund Nied*, Heiligenverehrung und Namengebung, 1924.
*Joh. Bapt. Walz*, Die Fürbitte der Heiligen, 1927.
*Ders.*, Heiligenverehrung, LThK 4, 1932, Sp. 891–899.
*H. Vorgrimler / J. Brosch / H. Schauerte*, Heiligenverehrung, LThK [2]5, 1960, Sp. 103–108.
*Heinrich Schauerte*, Volkstümliche Heiligenverehrung, 1948.
*Matthias Zender*, Räume und Schichten mittelalterl. Heiligenverehrung in ihrer Bedeutung für die Volkskunde, 1959.
*Hellmut Rosenfeld*, Die Münchner Gebetsrolle Clm 28961, Zur Buch- und Frömmigkeitsgeschichte des 15. Jh.s, Gutenberg-Jahrbuch 1976, S. 48–56 (zu Pierre de Luxembourg).
*Klaus Welker*, Heilige in Geschichte, Legende, Kult, Beiträge zur Erforschung volkstümlicher Heiligenverehrung und Hagiographie, 1979.
*Franz Josef Worstbrock*, Simon von Trient, Verf. Lex. Bd. [2]5, 1983.

*Literatur zu Wallfahrtswesen und Mirakelbuch:*

*Rudolf Kriss*, Volkskundliches aus altbairischen Gnadenstätten, Beiträge zu einer Geographie des Wallfahrtbrauchtums, 1930; *Ders.*, Religiöse Volkskunde Altbayerns, dargestellt an den Wallfahrtsbräuchen, 1933; *Ders.*, Wallfahrtsorte Europas, 1950; *Ders.*, Die Volkskunde der altbayerischen Gnadenstätten, 3 Bde, 1953/56; Bd. 3: Theorie des Wallfahrtswesens, 1956.
*Georg Schreiber*, Die deutschen Mirakelbücher, Zur Quellenkunde und Sinngebung, 1934.

*Karl Sigismund Kramer*, Die Mirakelbücher der Wallfahrt Grafrath, Bayer. Jahrbuch f. Volkskunde 1951, S. 80–102; *Ders.*, »St. Blasius zu leibeigen« (Bopfinger Mirakelbuch), ebda. 1954, S. 141–150.

*Robert Böck*, Die Verehrung des hl. Benno, Wallfahrtsgeschichte und Mirakelbücher, ebda 1958, S. 53–73.

*J.-Th. Welter*, L'exemplum dans la littérature réligieuse et didactique du moyen-âge, 1927.

*Anton Dörrer*, Exemple, LThK ²3, 1959, Sp. 1293/94.

*Ders.*, Mirakel, ebda ²7, 1962, Sp. 435.

*Heiligenlexika:*

Bibliotheca hagiographica latina antiquae et mediae aetatis. 2 Bde, 1898/1901, ²1949, Supplement ²1911; Bibliotheca hagiographica graeca, 3 Bde, 1957.

*Joseph Braun*, Tracht u. Attribute der Heiligen in der Kunst, 1943.

*Wolfgang Braunfels*, Lexikon der christl. Ikonographie, Bd. 5–8: Ikonographie der Heiligen, 1973/1976.

*Franz von Sales Doyé*, Heilige u. Selige der römisch-kathol. Kirche, deren Erkennungszeichen, Patronate und Lebensgeschichte, 2 Bde, 1929.

*Carl Fries*, Die Attribute der christl. Heiligen, 1915.

*Wilhelm Hay*, Volkstümliche Heiligentage, 1932.

*Hans Hümmeler*, Helden und Heilige, 1959.

*Maria Kreitner*, Heilige um uns, 1956.

*Karl Künstle*, Ikonographie der christl. Kunst II: Ikonographie der Heiligen, 1926.

*Girolamo Moretti*, Die Heiligen und ihre Handschrift, übers. Herman Bruckner, bearb. Karl-August Götz, 1960.

*Wilhelm Schamoni*, Das wahre Gesicht der Heiligen, 1938, ⁵1975.

*Albert Schütte*, Handbuch der deutschen Heiligen, 1941.

*Johann-Evangelist Stadler / Fr. Jos. Heim*, Vollständiges Heiligen-Lexikon, 5 Bde, 1858/1882.

*Jakob Torsy*, Lexikon der deutschen Heiligen, Seligen, Ehrwürdigen und Gottseligen, 1959.

*Johann Walterscheid*, Deutsche Heilige, 1934.

*Otto Wimmer*, Handbuch der Namen und Heiligen, ²1959; *Ders.*, Kennzeichen und Attribute der Heiligen, 5., von Josef Stadthuber bearb. Aufl., 1979.

## 2. Heiligenverehrung und Legende in evangelischer Sicht

Auch die *Evangelisch-lutherische Kirche* kennt und bejaht die Heiligenverehrung, wie die evangelisch-lutherischen »Bekenntnisschriften« erweisen. Der 21. Artikel der *»Augsburgischen Konfession«* von 1530 ›De cultu sanctorum‹ sagt, daß man der Heiligen gedenken solle, damit ein jeder in seinem Beruf ihren Glauben und ihre guten Werke nachahme. Abgelehnt als unbiblisch wird die Anrufung der Heiligen um Hilfe, da Christus der alleinige Versöhner und Mittler zu Gott sei. In *Philipp Melanchthons*

»Apologie« von 1531, die ebenfalls zu den »Bekenntnisschriften« zählt, wird das genauer begründet. Den Heiligen zuzubilligende »honores« sind die Danksagung an Gott, daß er uns an den Heiligen Exempel seiner Gnade und Lehrer seiner Kirche gab, ferner die Lobpreisung der Heiligen selbst, weil sie die Gaben Gottes so wohl gebrauchten, endlich Nachahmung ihres Glaubens und ihrer Tugenden. Abgelehnt wird es, die Heiligen anzurufen und um Hilfe anzugehen, abgelehnt auch, daß die Heiligen nicht allein Fürbitter, sondern auch Mittler und Versöhner seien und daß ihre Verdienste mit Hilfe des Ablasses als Satisfaktion für unsere Sünden verteilt werden, daß ihre Bilder verehrt und zu ihren Gräbern oder Reliquien gewallfahrtet wird, kurzum alles, was die Volksfrömmigkeit der ursprünglichen Heiligenverehrung allmählich zugefügt hatte.

Die Verschärfung der Gegensätze zwischen den christlichen Konfessionen führte dazu, daß auch Gedächtnis, Lobgesang, Dankgebet und Nachahmung der Heiligen entgegen der »Ausgburgischen Konfession« von 1530 schwanden. Noch 1519 hieß es bei Luther: »*Von der lieben Heiligen Fürbitt sage ich und halt fest mit der ganzen Christenheit, daß man die lieben Heiligen ehren und anrufen soll*« (WA 2,70). Aber 1523 wollte er, »*daß der Mariendienst werde ganz ausgerottet allein wegen des Mißbrauchs*« (WA 11,61). Spätere Predigten sprechen von den Heiligen als »*Abgöttern*«. Die »*Engel und Heiligen anrufen, Kirchen, Altar, Gottesdienst stiften und anderweise mehr dienen und sie für Nothelfer zu halten*«, erscheint Luther in dem Schmalkaldischen Artikeln von 1537 geradezu als Abgötterei, weil solche Ehre Gott allein zugehöre.

An den Legenden, die Luther zunächst »*nützlich zu lesen*« fand, wurden ihm die zahlreichen Mirakel suspekt oder ein Ärgernis, so daß er unter Entstellung des Wortes »*Legende*« von der »*Lügende des hl. Johannes Chrysostomus*« spricht. Auch beginnt er dem Zug der Zeit folgend zwischen historischer und apokrypher Tradition zu unterscheiden. Jedoch ließ er auch zahlreiche Legenden mit Wundererzählungen gelten, um an ihnen allegorisch bestimmte Wahrheiten und Lehren anschaulich und einprägsam machen zu können. Deshalb regte er für solchen exegetischen Gebrauch Auswahlsammlungen von Legenden in lateinischer Sprache an, wie denn Aurifabers »*Colloquia Lutheri*« (1566) ein eignes Kapitel »*Von Legenden der Heiligen in der alten Kirche und von derselben Allegoria oder geistlicher Deutung*« enthielt. Schon 1539 erschien solche Auswahl »*Farago praecipuorum exemplorum*« von *Hermann Bonnus*, 1544 *Georg Majors* »*Vitae patrum*«. Später folgten auch deutsche Übersetzungen.

Während nach katholischem Glauben die Engel und die Heiligen jedes Meßopfer unsichtbar mitfeiern, hat der evangelisch-lutherische Gottesdienst die Heiligen völlig in Vergessenheit geraten lassen. Dabei hatte Luther noch 1522 den Bildersturm und die Zeremonienfeindschaft des Andreas Karlstadt (d.i. Andreas Bodenstein aus Karlstadt) und anderer Schwarmgeister ausdrücklich bekämpft. Zahlreiche gebräuchliche Vornamen und die Namen vieler lutherischer Kirchen erinnern noch heute an die heiligen Namenspatrone. Aber die von den Bekenntnisschriften geforderte *evangelische Heiligenverehrung* blieb ein unbewältigtes Problem. Erst die ökumenische Bewegung und ihr Erstarken nach den Weltkriegen führte zu einer Neubesinnung auf dies Problem. *Söderblom* sprach schon 1925 über den evangelischen Begriff eines Heiligen. Neuerdings bemüht sich auch die deutsche evangelisch-lutherische Theologie um Erarbeitung einer kirchlichen Lehre von den Heiligen und einer neuen Praxis des in der »Augsburgischen Konfession« von 1530 verbrieften *»cultus sanctorum«* im Gottesdienst.

*Literatur:*

Die Bekenntnisschriften der evangelisch-lutherischen Kirche, hrsg. im Gedenkjahr der Augsburger Konfession, 1930, ²1952, S. 83 ff., 316 ff., 424 ff.

*Nathan Söderblom*, Der evangelische Begriff eines Heiligen, 1925.

*R. Lansemann*, Die Heiligentage, besonders die Marien-, Apostel- und Engeltage in der Reformationszeit, 1939.

*Reintraud Schimmelpfennig*, Die Geschichte der Marienverehrung im deutschen Protestantismus, 1952.

*Jörg Erb*, Die Wolke der Zeugen, Lesebuch zu einem evangelischen Namenskalender, 1952.

*Otto von Taube*, Brüder der oberen Schar, 1955.

*Oskar Planck*, Evangelische Heiligenverehrung, Quatember 20, 1955/56, S. 129–135.

*Max Lackmann*, Verehrung der Heiligen, Versuch einer lutherischen Lehre von den Heiligen, 1958.

*H. Düfel*, Luthers Stellung zur Marienverehrung, 1968.

*Günther Reiter*, Heiligenverehrung und Wallfahrtswesen im Schrifttum von Reformation und katholischer Restauration, Diss. Würzburg 1970.

*Wolfgang Hieber*, Legende, protestantische Bekennerhistorie, Legendenhistorie, Diss. Würzburg 1970.

*Rudolf Schenda*, Protestantisch-katholische Legendenpolemik im 16. Jh., 1970.

*Wolfgang Brückner*, Zeugen des Glaubens und ihre Literatur, in: W. B., Volkserzählung und Reformation, 1974, S. 521–578.

*André Schnyder*, Legendenpolemik und Legendenkritik der Reformation: die Lügende von St. Johann Chrysostomi bei Luther und Cochlaeus, Archiv f. Ref.-gesch. 70, 1979, S. 122–140.

*Theodor Fliedner*, Buch der Märtyrer und anderer Glaubenszeugen der evangelischen Kirche von den Aposteln bis auf unsere Zeit, 4 Bde, 1851/1860.

## 3. Die frühe christliche Legende und ihre Entwicklung

Die christliche Legende beginnt schon in der apostolischen Zeit. Analog ähnlichen Erscheinungen anderer Religionen entspringt sie dem Wunsch, über den Erdenlauf heiliger Personen etwas Näheres zu erfahren und dabei ihre allbekannten religiösen Leistungen in einem heiligenmäßigen Vorleben sinnvoll vorgebildet zu sehen.

Das betrifft zunächst vor allem *Christus* selbst. Die wunderreichen Geschichten von der Geburt und Kindheit Christi sind die ältesten christlichen Legenden, die wir kennen. Die meisten an Christus und die Apostel geknüpften Legenden blieben als apokryphe Evangelien und Apostelgeschichten außerhalb des biblischen Kanons, wurden aber im Mittelalter zur Erbauung von den Gläubigen trotzdem gern gelesen. Vier dieser Legenden, die Geburt in Bethlehem, die Anbetung durch die Weisen aus dem Morgenland, die Flucht nach Ägypten und der Bethlehemitische Kindermord, fanden noch Eingang in die kanonischen Evangelien. Sie wurden den Evangelien des Matthäus und Lukas nachträglich vorangestellt und gehören zum schönsten Allgemeinbesitz des Christentums.

Das Johannesevangelium (7,40–42) schildert den Zwiespalt, den Christi galiläische Herkunft und die Erwartung des Messias aus Davids Stamm und damit aus Bethlehem beim Volke hervorriefen, kennt also die Geburtslegende noch nicht. Paulus aber spielt auf solche Legenden an, wenn er im 1. Brief an Timotheus gegen die aufkommenden Fabeln und Geschlechtsregister (1,4 *»fabulis et genealogiis interminatis«*) wettert, sie als Altweiberfabeln (4,7 *»ineptas et aniles fabulas«*) und Geschwätz (6,20 *»profanas vocum novitates«*) brandmarkt. Da solche Zeichen und Wunder bei der Geburt fehlten, erklärt sich die Verständnislosigkeit, mit der Maria und Jesu' Brüder der Aufnahme seiner Lehrtätigkeit gegenüberstanden (Mt 12,46ff.; Jesu Brüder und Schwestern werden auch Mt 15,55ff., Mk 3,31; 6,3, Jo 2,12; 7,3ff., Apg 1,14, 1.Kor 9,5 genannt). Jesu wird zwar metaphorisch *»filius dei«* genannt (Jo 10,36, Mt 4,3 und öfter). Aber Mt 1,16 nennt am Schluß der Genealogie Josef als seinen Vater, Mt 13,55 ihn »eines Zimmermanns Sohn«. Um sinnfällig Josef und Jesus von David herzuleiten, läßt der Legendendichter Josef »zur Schätzung« nach Davids Stadt Bethlehem ziehen, ungeachtet die römische Vermögenssteuereinschätzung natürlich am Ort des Wohnsitzes erfolgen mußte, also in Nazareth. Die Mt 1,23 herangezogene angeblich messianische Weissagung Jr 7,16 war wie Jr 8,3 ein Hinweis, daß bald nach der Geburt eines Kindes der König von Juda von seinen Feinden befreit würde, was auch 722 v.Chr. geschah. Weder hier noch irgendwo sonst außerhalb der Christgeburtlegende wird jungfräuliche Geburt erwähnt; die göttliche Zeugung ist an die Zeusmythologie angelehnt. Die Anbetung der Weisen aus dem Morgenland spielt auf die Sterndeutergesandtschaft an, die Kaiser Nero 66 n.Chr. aufsuchte. Die Klage Rahels um ihre Kinder Jr 31,5ff., aus der die Legende den Bethlehemitischen Kindermord des Herodes ableitete, geht der Prophezeihung einer Befreiung aus der babylonischen Gefangenschaft voraus, die 538 v.Chr. Wirklichkeit wurde.

Wir sehen bereits in diesen frühesten *Christuslegenden* das Bestreben, die spätere Bedeutung des Heiligen schon in frühester Jugend angekündigt zu sehen. Das ist ein anderer Legendentyp als der erwähnte des *»sündigen Heiligen«:* beide gehen gleichberechtigt nebeneinander her.

In ähnlicher Weise wurden später die mehr oder weniger historischen *Acta* und *Passiones* der Märtyrer dichterisch überarbeitet und ausgeschmückt. Die Aszetenideale wurden in belletristischen Mönchsviten verherrlicht, *Martyrologien* und *Synaxarien* mit vielen unechten Zitaten erweitert. Die Legende schöpfte, besonders im 6. bis 8. Jh., gern aus orientalischen Quellen und aus dem *hellenistischen Roman* und griff selbst Märchenmotive und mythische Motive auf, ohne damit den christlichen Charakter in irgendeiner Weise zu beeinträchtigen.

Ein besonderes Problem ist das Verhältnis von Heiligenvita und Heiligenlegende. Vielfach wird zwischen einer sogenannten historischen Vita und einer von wunderbaren oder märchenhaften Zügen überwucherten Legende unterschieden. Das ist bei manchen Heiligen möglich und offensichtlich. Oft ist jedoch die ohne eigentliche dichterische Ausschmückung bleibende Vita mangels historischer Nachrichten ebenfalls aus gängigen Motiven zusammengestellt wie eine zweifellose Legende. So gibt sich z. B. die älteste Vita der Hl. Afra wie eine historische Vita. Aber das einzige, was man damals von der historischen Märtyrerin wußte, war die Lage der als Grab geltenden Kapelle, alles andere ist Ausmalung, um dem frommen Gedenken an diese Märtyrerin einen Anhaltspunkt zu bieten. In solchen Fällen besteht nur ein gradueller Unterschied zwischen der spröderen Vita und einer volkstümlichen, mit zahlreichen Wundern ausgeschmückten Legende. Beim Hl. Ulrich stehen neben der kaum verändert weiterüberlieferten historischen Vita kürzere Texte in lateinischer und deutscher Sprache, die für Seelsorge und Ulrichsverehrung die Vita entpersönlichen und zu Legenden umformen.

Jede Zeit hat Vita und Legende neu gefaßt und nach dem eigenen Wunschbild umgestaltet. Das zeigen z. B. Christophorus und Georg. Beide gehören zunächst zu den Märtyrern vom unzerstörbaren Leben. Der bekehrte hundsköpfige Riese Christophorus wird im 13. Jh. unter Mißdeutung seines Bildes und in Anlehnung an die Legende von Julian hospitator mit der Überfahrtssage verbunden, um zum Patron der Hospitalbrüder werden zu können. Erst das späte Mittelalter hat Georg nach dem Muster des Perseus zum Drachenkämpfer gemacht und damit zum eigentlichen Patron des Rittertums erhoben. Es kommt eben nicht auf dichterische Darstellung beglaubigter Lebensumstände an, sondern auf Vergegenwärtigung einer heiligmäßigen Persönlichkeit, zu der man Vertrauen haben kann, und auf die innere Wahrheit und Glaubwürdigkeit der Legende. Ein Heiliger, der den Pilgern Trost und Kraft geben sollte, mußte auch in seiner Legende Verständnis für die besonderen Nöte der Pilger aufweisen, ein

Ritterheiliger muß auch in seinem Erdenleben Taten verrichtet haben, die auf Verständnis für Rittertum schließen lassen.

*Literatur:*

*René Aigrain*, L'hagiographie, ses sources, son histoire, 1953.
*Hippolyte Delehaye*, Les légendes hagiographiques, 1905, ⁴1955, dt. Übersetzung 1907.
*Ders.*, Les origines du culte des martyrs, 1912.
*Ders.*, Les passions des martyrs et les genres littéraires, 1921.
*Ders.*, Cinq leçons sur la méthode hagiographique, 1934 (Subsidia hagiogr. 21).
*Goswin Frencken*, Wunder und Taten der Heiligen, 1925.
*Arnold van Gennep*, La formation des légendes, 1910.
*Hermann Goja*, Das »Zersingen« der christl. Legenden, Österr. Zeitschr. f. Volkskde 14, 1960, S. 43–55.
*Heinr. Günter*, Legendenstudien, 1906.
*Rud. Günther*, Über die abendländische Heiligenlegende, Theol. Rundschau 3, 1931, S. 18–48.
*Gerhard Iber*, Sagen und Legenden im NT., RGG ³5, 1961, Sp. 1308–1312.
*Charles Grand Loomis*, White magic, an introduction to folklore of christian legend, 1948.
*Achim Masser*, Bibel, Apokryphen und Legenden, Geburt und Kindheit Jesu in der religiösen Epik des dt. MA.s, 1969.
*Joh. Michl*, Apokryphe Evangelien, LThK 3, ²1959, Sp. 1217–1233; Ders., Apokryphe Apostelgeschichten, ebda 1, ²1957, Sp. 747–754.
*Anton Priessnig*, Die biograph. Formen der griech. Heiligenlegenden in geschichtl. Entwicklung, Diss. München 1924.
*Hugo Rahner*, Griech. Mythen in christl. Deutung, 1945; ³1961.
*Hans-Friedr. Rosenfeld*, Der hl. Christophorus, seine Verehrung und Legende, 1937.
*Hellmut Rosenfeld*, Alemann. Ziu-Kult und S. Ulrich- und S. Afra-Verehrung in Augsburg, Archiv f. Kulturgesch. 37, 1955, S. 306 bis 335.
*Friedrich Prinz*, Die hl. Afra, Bayer. Vorgeschichtsblätter 46, 1981, S. 211–215.
*Peter Toldo*, Leben u. Wunder d. Heiligen im MA., Stud. z. vergl. Litgesch. 1, 1901, S. 320–353.
*Werner Wolf*, Von der Ulrichsvita zur Ulrichslegende, Untersuchungen zur Überlieferung und Wandlung der Vita Udalrici als Beitrag zu einer Gattungsgeschichte der Legende, Diss. München 1967.

## 4. Heiligenleben und Legendensammlungen

Da das Gedenken an die Heiligen in erster Linie an ihre Jahrestage gebunden war, lag es nahe, ihre Lebensbeschreibungen und Legenden für das ganze Jahr zusammenzustellen. Daß schon Papst Eutychianus (275–283) jedem Seelsorger Anschaffung und Lektüre solcher Legendensammlung zur Pflicht gemacht habe, läßt sich freilich nicht aufrechterhalten. Zwar heißt es in einem unter Eutychianus' Namen gehenden Dekret: »*Martyrologium et poenitentialem sapiat, libellum istum unusquisque habeat et frequenter legat*« (Migne, P. L. 5, 1844, Sp. 168, 23 ff.). Zur Zeit Eutychians hätte sich das noch gar nicht durchführen lassen, seine Dekrete sind unecht, und das Verbot des Schachspieles im gleichen Dekret weist auf eine Fälschung des 11. Jh.s. Papst Gregors des Großen (590 bis 604) »*Dialogi de miraculis patrum Italicorum*« vermischen Legenden mit Wundergeschichten aller Art. Aber um diese Zeit muß man auch schon *Legendensammlungen* zusammengestellt haben. Sie begleiten das ganze Mittelalter und bilden die wichtigste Quelle für alle Legendendichtungen der Zeit.

Das älteste, noch aus dem 7. Jh. stammende Legendar in Deutschland besitzt die Bayerische Staatsbibliothek (»*Passiones et vitae Sanctorum*«, geschrieben Mitte des 8. Jh.s, Clm. 3514). Das *Martyrologium des Mönches Wolfhard* († 902) aus Kloster Herrieden wurde im Auftrag des Bischofs Erchanbald von Eichstädt gesammelt und nach den Tagen des Jahres angeordnet (Clm 18100; vgl. auch Anal. Boll. 17, 1898, S. 5 ff.). Ungekürzte Legendentexte bieten das *Windberger Legendar* (nach 1091, Clm 22240–22245), das in mehreren Handschriften vorliegende »*Magnum Legendarium Austriacum*« (nach 1090; vgl. Anal. Boll. 17,24 ff.), das *Legendar der Abtei St. Maximin* zu Trier (13. Jh.; vgl. Anal. Boll. 52, 157 ff.) und das Legendar von Bödeken bei Paderborn (15. Jh.; vgl. Anal. Boll. 27, 257 ff.) Am verbreitetsten war neben dem »*Speculum historiale*« des Vinzenz von Beauvais († 1264) die »*Legenda aurea*« (ca. 1270) des *Jacobus de Voragine* (1230–1298). Sie ist in zahlreichen Handschriften und Drucken verbreitet (hrsg. v. Th. Graesse, ³1890, dt. hrsg. v. R. Benz, 1917 u.ö., zuletzt 1955), jedoch sind die Legenden hier sehr stark gekürzt. Wichtig ist auch das *Sanctuarium des Boninus Mombritius* (1424–1482) für die spätmittelalterliche Legendendichtung (hrsg. 1910).

Als Zusammenfassung der Viten und Legenden sind unentbehrlich die *Acta Sanctorum*, die 1643 durch Johann Bolland begonnen wurden und noch nicht vollendet sind. Sie ordnen die Viten und Legenden nach den Todestagen der einzelnen Heiligen und sichten sie in den neueren Bänden auch kritisch (vorläufig letzte Bde: Bd. 66, 9./10. Oktober, 1925; Bd. 67, Propylaeum Decembris, 1940). Für die stoffgeschichtlichen Probleme ist wichtig die *Bibliotheca hagiographica* (latina, graeca, orientalis), Brüssel 1889–1957, in der die Bollandisten die handschriftlichen Fassungen verzeichnen. Eine Ergänzung bildet die Zeitschrift ›*Analecta Bollandiana*‹

(Anal. Boll.), die seit 1882 erscheint und Aufsätze hagiographischen Inhalts bringt, insbesondere zur Überlieferungsgeschichte einzelner Heiligenlegenden.

*Literatur:*

*Jaques-Paul Migne/Jules de Douhet*, Dictionnaire des légendes du christianisme, Paris 1855 (Encyclopédie theol. III, 14).

*Hippolyte Delehaye*, Étude sur le légendier romain 1936.

*Bernhard Bischoff*, Wolfhard, Verf. Lex. 4, 1953, Sp. 1057f.

*Gerhard Eis*, Legendarium Windbergense, ebda 5, 1955, Sp. 606 bis 609.

*Ders.*, Magnum Legendarium Austriacum, ebda 5, 1955, Sp. 600–608; *Ders.*, Die Quellen für das Sanctuarium des Mailänder Humanisten B. Mombritius, 1933; vgl. dazu *H. Hansel*, ZfdPh 60, 1935, S. 390–395; *J. Cambell* LThK ²7, 1962, Sp. 632.

*Hans Hansel*, Das Nachleben der Heiligen in der Dichtung und die stoffgeschichtliche Darstellung, Volk und Volkstum 3, 1938, S. 231–251.

*Maria von Nagy/N. Christoph de Nagy*, Die Legenda aurea und ihr Verfasser Jacobus de Voragine, 1971.

*Werner Williams Krapp*, Die dt. Übersetzung der Legenda aurea, PBB 101, 1979, S. 252–276.

*Konrad Kunze*, Alemann. Legendare, Alemann. Jahrb. 1971/72, S. 20–45.

## 1. Die Legende im frühen Mittelalter

In der abendländischen Überlieferung mischt sich die schlichte erzählende Vita mit der poetischen Verherrlichung der Heiligen. Ausgangspunkt für diese poetische Verherrlichung der Heiligen scheint das Epitaph, die kunstvoll gedichtete Grabschrift. Schon Papst *Damasus* (305–384) verfaßte zahlreiche Grabschriften, die Leben und Leiden von Märtyrern verherrlichen, teilweise auch in lyrischen Versmaßen. Das wurde vorbildlich für das ganze Mittelalter. *Paulinus* von Nola (353–431) verfaßte in schwärmerischer Verehrung epische Gedichte auf den *hl. Felix*, nach seinem Vorbild *Venantius Fortunatus* (530 bis 600) in Poitiers für die Königin Radegunde eine *Vita Martini*, die vor allem die Wunder wortreich ausmalt. Wahrscheinlich wurden mit der Kirchengründung auch die Legenden der Kirchenpatrone verbreitet. Jede Reorganisation der Klöster, wie sie besonders zur Zeit Karls des Großen stattfanden, war wahrscheinlich Anlaß zur Neuaufzeichnung oder Neudichtung des Heiligenlebens.

Der Freisinger Bischof *Arbeo* (765–783) schrieb anläßlich der Translation des hl. Corbinian († 725) nach Freising eine *Vita Corbiniani*, später eine *vita Haimhrammi* (über St. Emmeram von Regensburg, † 652) in z. T. noch sehr barbarischem Latein. Mit der Berufung des Angelsachsen *Alcuin* (richtig: *Alchvine*, 730–804) an den fränkischen Hof 781 begann recht eigentlich die »Karolingische Renaissance«, die auch der Hagiographie zugute kam. Alchvine selbst verfaßte teils in Prosa, teils in Versen eine *Vita Willibrordi* († 793), ferner Viten des *Hl. Richarius* († 650), *Vedastus* († 540) und anläßlich der Reorganisation des Klosters St.-Josse-sur-mer wahrscheinlich auch eine Neufassung der *Jodocus*-Legende, zwar in stark rationaler Haltung zu den Wundern seines Heiligen, aber mit künstlerischer Wärme. Die angelsächsische Nonne *Hugeburg von Heidenheim* schreibt um 800 die Viten (Clm 1086) der mit ihr verwandten angelsächsischen Brüder *Willibald* († 787) und *Wynnebald* († 761) und der Baier *Eigil* († 822) nach 791 die *Vita Sturmi* († 779), des ersten Abtes von Fulda. Der Reichenauer Abt *Walahfrid Strabo* (808–849), der Erzieher des Enkels Karls des Großen, verfaßt Viten des *Hl. Othmar* und des *Hl. Gallus* in Prosa, und letztere formt ein Unbekannter, dem Plane Walahfrids gemäß, in 1808 Hexameter um (MGH Poetae 2, 428 ff.). *Milo von St. Armand* (809–872) feierte seinen Klosterpatron, den *Hl.*

*Armandus*, und *Wolfhard* († 902), Presbyter von Herrieden, im Auftrag des Bischofs *Erchanbald von Eichstätt* († 912) die *Miracula S. Waldburgae* († 779).

Wenn solch Lobpreis der Heiligen zum Hymnus übergeht, verliert die schlichte Berichtsform der Vita und Legende ihre Geltung zugunsten einer hymnischen Haltung, die schließlich die Legende nur noch als stoffliches Element benutzt. Das zeigt sich insbesondere bei den ersten deutschsprachigen Dichtungen dieser Art, beim *Loblied auf St. Gallus*, das *Ratpert* von St. Gallen († ca. 900) verfaßte (erhalten blieb leider nur die lateinische Übertragung durch Ekkehard IV. in 17 Strophen, MSD. Nr. 12), beim *Georgslied* und *Petruslied*.

Das *Georgslied* (MSD. Nr. 17) ist wahrscheinlich 896 anläßlich der Translation der Georgsreliquien in die neuerbaute Georgskirche der Reichenau gedichtet, wenn auch nur in verderbter Abschrift durch den Mönch Wisolf in der Otfriedhandschrift P (ca 1000) überliefert. Der Heilige ist noch nicht der Drachenkämpfer wie im hohen Mittelalter, sondern ein »Märtyrer vom unzerstörbaren Leben«, der mehrfach vom Tode aufersteht, um erneut seine Heilsbotschaft zu verkündigen. Alles, was von dem legendenhaften Leben des Heiligen gesagt wird, dient nicht biographischen Zwecken, sondern dem Lobpreis des Heiligen und dazu, dem Gläubigen die Gewißheit zu geben, daß der Heilige, dem Gott schon bei Lebzeiten in so wunderbarer Weise beistand, nach seinem Martyrium erst recht Gnade und Kraft zu helfen habe. Der balladenhafte Refrain erweist das Lied als liturgisch-hymnischen Gemeinschaftsgesang, die naive Übertreibung der Wunder zeigt die volkstümliche Tendenz. Viel kürzer und schlichter ist das *Petruslied* (MSD. Nr. 9). Die 3 Strophen (bair.) finden sich, mit Neumen (Noten) versehen, auf der Freisinger Handschrift von Hrabans Genesiskommentar. Entstanden sind sie wohl Mitte des 9. Jh.s in Anlehung an die 3. Strophe des Hymnus »Aurea luce et decore roseo« (Analecta hymnica 51, 1908, Nr. 188), während Otfried in seinem Evangelienbuch (863–871) einen Vers daraus übernahm (I 7, 28). Da es sich um ein Prozessions- oder Wallfahrtslied handelt, ist der Legendenstoff auf ein Minimum zusammengeschrumpft. Auf die beiden Langzeilen des Vorsängers antworteten jeweils, wie bei anderen Bittgesängen dieser Art auch, die Wallfahrer mit dem alten Refrain »Kyrie eleison«.

.

*Literatur:*

*Max Manitius*, Geschichte der christl.-lateinischen Poesie bis zur Mitte des 8. Jh.s., 1891; *Ders.*, Geschichte der lateinischen Literatur des MA.s, 3 Bde, 1911–1931.

*Konrad Zwierzina*, Die Legende der Märtyrer vom unzerstörbaren Leben, Innsbrucker Festschrift der 50. Versammlung dt. Philologen in Graz, 1909, S. 130–158.

*Jost Trier*, Dr hl. Jodokus, sein Leben und seine Verehrung, 1924.
*J. Sidney, Grosedose/Brian O. Murdoch*, Die althochdeutschen poetischen Denkmäler, 1976 (Slg. Metzler 140).
*»Alkuin«: Dieter Schaller*, Verf. Lex. ²1, Sp. 241–243. – *»Arbeo von Freising«: Harald Wunder*, ebda, Sp. 414–422. – *»Eigil von Fulda«: Rudolf Schiefer*, ebda ²2, 1980, Sp. 398–400. – *»Hugeburg«: Karl Langosch*, ebda, 5, 1955, Sp. 425. – *»Walahfrid Strabo«; Ders.*, ebda 4, 1953, Sp. 734–769. – *»Wolfhard«: Bernhard Bischoff*, ebda 4, 1953, Sp. 1057f. – *»Galluslied«: Ehrismann* 1, ²1932, S. 217–220. – *»Georgslied«: Ruth Schmidt-Wiegand*, Verf. Lex. ²2, 1980, Sp. 213–216; *Wolfgang Haubrichs*, Georgslied und Georgslegende im frühen MA., 1980. – *»Petruslied«: Ehrismann* 1, ²1932, 203–207; *Elisabeth Karg-Gasterstädt*, Verf. Lex. 5, 1955, Sp. 885–887.

Die *Ottonische Zeit* brachte kein Interesse für deutschsprachige Dichtung auf. Die kirchliche und profane Literatur kehrte zum Latein zurück. Das deutsche *Galluslied* muß von *Ekkehard IV.* (ca. 980–1057) ins Lateinische übersetzt werden (MGH, Poetae 5, 1937/39, S. 541–546), um der schönen Melodie würdig zu sein. Als Legendendichterin ist die Nonne *Hrotswith von Gandersheim* (ca. 935–1000) zu nennen. Ihre 962 vollendeten Legenden sind meist in leoninischen Hexametern gedichtet. Es fällt auf, daß neben zwei biblischen Stoffen (Maria bis zur Rückkehr aus Ägypten, Christi Himmelfahrt) und der Passio der hl. Agnes unbekanntere Märtyrer mit fast romanhaftem Lebensschicksal (Gangolf, Pelagius, Theophilus, Proterius, Dionysius) behandelt werden.

Dasselbe Bild zeigen Hrotswiths Dramen (Gallicanus, Dulcitius, Callimachus, Sapientia, Abraham, Paphnutius). Diese fälschlich als »Dramen« bezeichneten Dialoge wollen die Komödien des Terenz (201–159 v.Chr.), die in der mittelalterlichen Schule als Gesprächsmuster dienten, durch fromme christliche Gegenstücke verdrängen. Sie spielen,wie die Stücke des Terenz teilweise in der Sphäre des Freudenhauses, zeigen jedoch, daß der fromme Christ allen diesen Versuchungen siegreich widerstehen kann.

Es kommt der Dichterin keineswegs darauf an, das Leben der Märtyrer und Heiligen als solches wiederzugeben, vielmehr sind sowohl die Dramen wie auch die Legenden nach einem dichterischen Programm zu einem Zyklus angeordnet, in dem das Problem der »virginitas« in den verschiedensten Konstellationen abgehandelt wird. Das Problem, nicht der Heilige und sein Leben, steht im Mittelpunkt, und im ganzen geht es darum, das Dasein des Christenmenschen zum Lobpreis Gottes in heilsgeschichtlichem Rahmen zu sehen. Man kann also kaum von Legenden sprechen. Das Legendäre wird zum Stoff, um in zyklischer Form vorbildliches christliches Verhalten darzutun.

*Literatur zu Hrotswith von Gandersheim:*

»Opera«, ed. *Konrad Celtis*, 1501; ed. *Paul von Winterfeld*, 1902; ed. *Karl Strecker*, 1906, ²1930; ed. *Helene Homeyer*, 1970; Werke, übers. *Helene Homeyer*, 1936, Sämtliche Dichtungen, übers. *Otto Baumhauer/J. Bendixen, Th. G. Pfund* 1966. – *Fritz Preissl*, Hr.s v. G. und die Entstehung des ma. Heldenbildes, Diss. Erlangen 1939. – *Hugo Kuhn*, Hr.s v. G. dichterisches Programm, DVjS 24, 1950, S. 181–195 (auch in H. K., Dichtung und Welt im MA., 1959, S. 91–101); *Anne Lyon Haight*, Hr. v. G., her life, time and works and a comprehensive bibliography, New York 1965; *Bert Nagel*, Hr. v. G., 1965 (Slg Metzler 44); Ders., NDB 9, 1972, S. 676–678.

Neben solchen hymnischen, epischen und dialogischen Legendendichtungen stehen auch in dieser Zeit die spröderen schlichten *Heiligenviten.* Als Beispiel solcher Heiligenviten seien die des Mönches *Otloh* von St. Emmeram in Regensburg (ca. 1000–1070) herausgegriffen, da dieser durch ein umfängliches Gebet (das erste in deutscher Sprache) und durch eine Autobiographie sich einen Namen gemacht hat.

Otloh entstammte wahrscheinlich einer bairischen Adelsfamilie in der Nähe des Tegernsees, wurde zunächst Weltgeistlicher, dann durch eine plötzliche Wandlung Mönch und ein fruchtbarer theologischer Schriftsteller. Wenn Hrotswith ihre Legendendramen schrieb, um die Terenzlektüre aus der Schule zu verdrängen, so Otloh seine aus Bibelsprüchen, Sentenzen antiker Autoren und eigenen Lehrsätzen in Prosa und Versen zusammengesetzten »Proverbia«, um aus dem Elementarunterricht die heidnische Weisheit des Avianus und Cato zu verdrängen. Seine Heiligenviten jedoch sind auf Wunsch seiner Mitbrüder oder Oberen verfaßte Kompilation oder Neufassung älterer Viten und haben nur den Zweck, alles über das Leben der betreffenden Heiligen Bekannte in würdiger Form wiederzugeben. Die *Vita S. Nicolai* bietet nur im letzten Kapitel mit einem Emmeramer Nikolausmirakel etwas Neues. Auch die *Vita Wolfkangi* stützt sich auf ältere Vorlagen, besitzt aber erheblichen Quellenwert. Sie wurde wahrscheinlich anläßlich der feierlichen Translation des Heiligen im Jahre 1052 verfaßt. Inhaltsleer ist mangels tatsächlicher Unterlagen die *Vita S. Altonis,* des Gründers und Patrons von Altomünster; die ursprünglich beigegebenen Gedichte auf den Heiligen sind nicht erhalten. Während eines mehrjährigen Aufenthalts in Fulda (1062–1066) verfaßte Otloh eine Überarbeitung der Bonifatius-Vita von Willibald, deren wissenschaftliche Haltung dadurch gekennzeichnet ist, daß zahlreiche Stücke aus dem Bonifatiusbriefwechsel aufgenommen wurden. An die *Dialogi de miraculis Gregors* des Großen knüpfte er an, wenn er in seinem *Liber visionum* (nach 1062) in Traumvisionen über Bestrafung von Klerikern und selbst höchsten Personen wie Heinrich III. und Theophano berichtet und als Anhang eine Teufelssage bringt. Daß solche Mirakelerzählungen mit der Legende nichts zu tun haben, wurde schon erörtert.

*Literatur:*

*Bernhard Bischoff*, Verf. Lex. 3, 1943, Sp. 658–670 (669 Textausgaben).
*Werner Schröder*, Der Geist von Cluny und die Anfänge des frühmhd.
Schrifttums, 1950, S. 321–386 (Otloh S. 371 ff.).

## 2. Die deutsche Legende im 11. und 12. Jahrhundert

Aufgabe der *Karolingischen Zeit* war die Ausbreitung und Befestigung des Christentums, die der *Ottonischen Zeit* eine innere Aneignung. Die Religion und Kultur des Frühmittelalters, besonders der Ottonischen Zeit, wird getragen von adligen Geschlechtern, die auch die geistlichen Fürsten, die Reichsbischöfe und Reichsäbte, stellten und die klösterlichen Konvente erfüllten. Die religiösen Prachthandschriften mit ihren edelsteingeschmückten Einbänden, purpurgefärbten Pergamentseiten, Goldschrift und Goldgrundminiaturen sind das getreue Abbild des statisch-hierarchisch-feudalen Gesellschaftsgefüges und des liturgisch-feudalen Gottesdienstes zu Ehren des Himmelskaisers Christus. Diese feudale *Adelskultur* erweicht im Laufe des hohen Mittelalters zu einem humanistischen Individualismus. Der Zwiespalt zwischen sacerdotium und imperium und der daraus für jeden einzelnen erwachsende Konflikt zwischen Welt und Gott, zwischen Treue und Seelenheil wirkt vertiefend, auch wo eine neue Harmonie von Welt und Gott erstrebt und errungen wird. Gleichzeitig weitet die Begegnung mit dem *Orient* in Kreuzzügen den Blick und läßt ein europäisches ritterliches Solidaritätsgefühl aufkommen, an dem nicht nur der alte Adel, sondern auch der niedere Ministerialitätsadel Anteil hat. Im Zwiespalt mit dem imperium mußte die Kirche, um den Laien für ihre Gedanken zu gewinnen, die *deutsche Sprache* bevorzugen. In gleicher Richtung wirkt es, wenn jetzt erstmals religiöse Volksbewegungen entstehen. Die *cluniazensische Klosterreform* hatte zunächst nur den Adel zu einem neuen Frömmigkeitsstil erzogen, ohne den feudalen Lebensstil zu beeinträchtigen. Die *Hirsauer Klosterreform* führte zu religiösen Volksbewegungen, die als Pilger-, Kreuzzugs- und Baubewegung in Erscheinung traten und zu stärkerer innerer Christianisierung der bis dahin nur äußerlich vom Christentum erfaßten Masse führten. Zugleich wurde dem in feudaler Pracht gefeierten Himmelskaiser und Himmelskönig der arme Christus, der Heiland der Mühseligen und Beladenen entgegengesetzt. Die demütige Nachfolge des armen Christus solle aufnahmebereit machen für eine lebendige, innerliche und persönliche Begegnung mit dem Christentum, auch aufnahmebereit für religiöse Inhalte und damit für eine deutschsprachige Legendendichtung.

Das *Annolied* (mfr.) ist nach 1080 im reformierten Kloster Siegburg oder im Kölner Raum entstanden (49 Strophen unterschiedlicher Verszahl), vielleicht zur Vorbereitung der erst 1183 durchgesetzten Kanonisation des 1075 verstorbenen Kölner Erzbischofs Anno, aber vor allem, um den Glauben an ein Leben nach dem Tode zu festigen und das Exempel eines heiligmäßigen vorbildlichen Lebens in der Welt zu bieten. Die eigentliche Heiligenlegende umfaßt nur die Verse 563–880 und endet mit Mirakelerzählungen, die Annos Befähigung, seine Gläubigen zum Paradies zu führen, erweisen wollen. Diese Legende ist eingegliedert in eine Reichgottesgeschichte von der Schöpfung über Engelsturz, Sündenfall und Erlösung bis zur Bischofsweihe Annos und in eine Weltgeschichte von Ninus und Semiramis bis zu den Römern, den Aposteln und den Bischöfen von Köln. So ist die Dichtung weit mehr ein fast hymnischer Lobpreis des Heiligen – also eine Art Preislied des religiösen Helden – denn Legende und zugleich eine Exempeldichtung für eine politische und geistige Führungsschicht, die das Leben des Politikers (Kanzlers) und Bischofs in großen weltgeschichtlichen Zusammenhängen sehen sollte als bîspel, wie der Christ mitten in der Welt und durch die Welt zu Heil und ewiger Seligkeit kommen kann.

Dem Annolied verdankt die *Kaiserchronik* (bair., ca. 1147) ihre Anregung. Sie entnimmt dem Annolied vor allem die Verse 287–296, 311–378, 455–515, 526–533 und will in Augustinischer Geschichtsauffassung und im Sinne der Reformbewegung die Weltgeschichte als Heilsgeschichte sehen (17983 Verse). Aber in diese Geschichte des römischen Reiches bis zu Kaiser Konrad III. sind als Episoden im Kampfe zwischen den guten und den bösen Mächten innerhalb der Kaisergeschichte eine ganze Anzahl Legenden eingeflochten (Veronika, Silvester, Crescentia, Gregor, Mauritius u. a.), die wie lehrhafte Predigtmärlein zugleich als moralische Exempel dienen. Eine Art Legende in weltgeschichtlichem Rahmen ist auch das *Rolandlied* des Pfaffen Konrad, das im Anklang an die Kaiserchronik und wohl im Auftrag Heinrichs des Löwen 1168/ 1172 ebenfalls in Regensburg verfaßt wurde (9094 Verse). Im Gegensatz zu der nationalfranzösischen Vorlage wird der geschichtliche Vorgang zu einem Stück Weltreichsgeschichte in Augustinischem Sinne und zuletzt, beim einsamen Sterben Rolands, zu einer Art Märtyrerlegende, die freilich voller Kreuzzugsfrömmigkeit ist. Dieser legendären Verklärung der geschichtlichen Vorgänge entspricht die fast gleichzeitige Heiligsprechung Karls des Großen als des abendländischen Vorkämpfers für das Christentum (29. 12. 1165).

*Literatur:*

De Boor [8]1, 1971, S. 133–158, 223–232, 240–249.
»*Annolied*«: hrsg. *Martin Opitz*, 1639; *Max Roediger*, 1894 (MGH, Dt. Chron. 1,2); *Walter Bulst*, 1946; *Karl Meisen*, 1946; *Maurer* 2, 1965, S. 3–45; mhd/nhd. *Eberhard Nellmann*, 1975. – *Karl Fritschi*, A., Diss.

Zürich 1957; *Doris Knab*, A., Probleme seiner literar. Einordnung, 1962; *Werner Fechter*, A., Wirkendes Wort 15, 1965, S. 300–308; *Ernst von Reusner*, A., histor. Situation und dichter. Antwort, DVjS 45, 1971, S. 212–236; *H.-F. Reske*, A., Aufbau, Überlieferung, Gestaltung, Festschr. Wolfgang Mohr, 1972, S. 27–69; *Eberhard Nellmann*, A., Verf. Lex. ²1, 1978, Sp. 366–374; *Anselm Haverkamp*, Typik und Politik im Annolied. Zum Konflikt der Interpretation im Mittelalter, 1979.

»*Kaiserchronik:* krit. hrsg. *Edward Schröder*, 1892, ²1964 (MGH, Dt. Chron. 1,1); Faks. der Vorauer Hs., hrsg. *Pius Fank*, 1953. – *Ernst Scheunemann*, Verf. Lex. 2, 1936, Sp. 732–746; *M. M. Helff*, Studien zur K., 1930, ²1972; *Friedrich Ohly*, Sage und Legende in der K., 1940, ²1968; *Bodo Mergell*, Annolied und K., PBB 77, 1955, S. 124–146; *Christian Gellinek*, K., Erzähltechnik und Kritik, 1971; *Helge Eilers*, K., 1972.

»*Rolandlied des Pfaffen Konrad*«: Hrsg. *Carl Wesle*, 1928, ²1967; Alexanderlied und R., hrsg. *Friedrich Maurer*, 1940, ²1964; hrsg. (m. Übers.) *Dieter Kartschoke*, 2 Bde, 1971. – Facs. d. Heidelberger Hs. hrsg. *W. Werner/H. Zirbauer*, 1970. – *Ernst Scheunemann*, Verf. Lex. 2, 1936, Sp. 870–887; *Cola Minis*, ebda 5, 1955, Sp. 537–544; *Gotthard Fliegner*, Geistl. und weltl. Rittertum im R., Diss. Breslau 1937; *G. Glatz*, Die Eigenart des Pfaffen Konrad in der Gestaltung seines christl. Heldenbilds, Diss. Freiburg 1949; *Elisabeth Mager*, Zum R., PBB (Ost) 86, 1964, S. 225–246; *Dieter Kartschoke*, Datierung des R., 1965; *Horst Richter*, Kommentar zum R., 1972; *Friedrich Ohly*, Die Legende von Karl und Roland, *Peter Johnson* (u. a.), Studien zur frühmhd. Lit., 1974, S. 272–343.

Schon die Gedichte der Frau *Ava*, der ersten Dichterin in deutscher Sprache (ca 1120), die an sich Werden, Wirken und Ende der christlichen Kirche zum Thema haben, bringen mit dem in sich selbständigen Leben des Johannes und mit dem Leben Jesu legendenartige Viten aus der Bibel, wenn auch in heilsgeschichtlichem Zusammenhang. Der Verfasser der sog. *älteren Judith* konnte etwa zur gleichen Zeit wagen, die alttestamentliche Geschichte von Judith als Exempel des Kampfes zwischen Gottesvolk und Heidenvolk im Stil einer weltlichen (spielmännischen) Ballade zu behandeln. Etwa gleichzeitig nahm der Pfaffe *Lamprecht* die alttestamentliche Gestalt des *Tobias* zum Gegenstand eines legendenartigen, wenn auch stark lehrhaften Gedichtes (moselfr., nur Bruchstück von 274 Versen erhalten). Das Gedicht *Die Jünglinge im Feuerofen* zeigt daneben, wie ein alttestamentlicher Stoff (Daniel, Kap. 3) christlich-ethisch umgebogen und zu einer regelrechten christlichen Märtyrerlegende gestaltet werden konnte. Ein Priester *Adelbrecht* wiederum unternahm es in seinem *Johannes Baptista* (kärntn., vor 1170, 267 Verse) den neutestamentlichen Stoff in Legendenform zu bringen. Der Schwerpunkt liegt deshalb auf dem

Märtyrertum; zum Schluß wird der Heilige als Meister aller reuigen Sünder und Helfer beim Jüngsten Gericht gepriesen.

Wenn der Dichter der »Kaiserchronik« Legenden als Exempel in seine Weltgeschichte einfügte, so der Verfasser der *mittelfränkischen Reimbibel* (früher »mfr. Legendar«, ca 1130 bis 1150, nur in Bruchstücken erhalten) in seine Religionsgeschichte von der Weltschöpfung bis zum Siege des Christentums Legendengut, das sich an neutestamentliche Gestalten anschloß. Neben bloßen Hinweisen auf Schicksal und Tod der Apostel finden wir legendäre Ausmalung biblischer oder apokrypher Vorgänge wie des Streites zwischen Petrus und Simon Magus oder des Todes Mariä sowie regelrechte Legenden wie die Heilung des Tiberius durch Veronikas Tuch mit dem Bilde Christi, die Kreuzauffindung durch die hl. Helena oder die Kreuzrückführung durch Kaiser Heraklius nach seinem Kampfe mit dem Kreuzentführer Cozdras. Ebenso hat der *Arme Hartmann* in seiner *Rede vom Glauben* (mfr., ca 1140 bis 1147) bei seiner asketischen Auslegung des nicänischen Glaubensbekenntnisses Legenden als Beispiele bekehrter Weltkinder herangezogen *(Petrus telonarius, Maria Magdalena, Afra, ägypt. Maria, Theophilus)*. Der Laienbruder Hartmann durfte bei dieser skizzenhaften Heranziehung die eigentliche Kenntnis der Legenden voraussetzen. Dadurch wird ersichtlich, daß schon zahlreiche Legenden in der Volkssprache umliefen, mit keinem anderen Zwecke als dem, den weltlichen Helden religiöse Helden, den weltlichen Geschichten religiöse Volksdichtung entgegenzustellen, die Phantasie der Laien mit heiligen Geschichten zu beschäftigen und die Namen der Heiligen durch gläubige Beschreibung ihres Lebens und ihrer Taten mit Inhalt und Leben zu erfüllen.

So entstanden seit der Mitte des 12. Jh.s zahlreiche Heiligenlegenden in schlichter gereimter Berichtsform, die, soweit sie erhalten sind, kurz genannt seien. Der *Trierer Aegidius* (md., ca 1150) bringt die Legende des demütigen Einsiedlers, der seine zahlreichen Wundertaten nur widerstrebend tut. *Albanus* (moselfr., ca. 1180) Bruchstück der Legende Albans, der aus sündiger Verbindung von Vater und Tochter hervorging, selbst Gatte seiner Mutter wird, aber durch Buße Gnade findet und seine Eltern zur Buße bewegt. *Alexius* (12. Jh., Bruchstück im Prager Kloster Strahov ist verschollen, ein vollständiges Gedicht in Grazer UB und in Prager Codex) entsagt als Jüngling seinem Reichtum, lebt schließlich jahrelang unerkannt bis zu seinem Tode unter der Treppe des elterlichen Hauses als Bettler. *Andreas* (md., Bruchstück, 113 Verse) schildert das Martyrium des Apostels. *Crescentia* begegnete uns schon als Einlage in der Kaiserchronik; diese und Bruchstücke mehrerer anderer Fassungen gehen auf eine gemeinsame Urfassung von ca. 1140 zurück. Das novellistische Motiv der unschuldig verfolgten Frau, die zweimal schuldlos ins Wasser gestürzt und auf wunderbare Weise gerettet wird, wandelt sich zur Legende einer hl. Dulderin, der Gott und Petrus beistehen und die Gabe verleihen, allen Beichtenden Heilung zu verschaffen.

*Margarete* (ca. 1160/1170, aber nur in Umarbeitung des 14. Jh.s erhalten), Tochter heidnischer Eltern, weigert sich als Christin, einen Heiden zu ehelichen, und wird deshalb gemartert. *Patricius* (alem., ca 1160, 133 Verse): das vorhandene Bruchstück schildert einige Wundertaten des irischen Heiligen Patrick († 464), darunter die Erweckung eines Toten, der von seiner Jenseitserfahrung berichten muß. *Trierer Silvester* (md., nach 1150) ist Umdichtung der Verse 7806–10633 der Kaiserchronik und erzählt, wie Silvester Kaiser Konstantin vom Aussatz heilt, das Christentum einführt und verteidigt und auch Helena, die Mutter des Kaisers, bekehrt. *Veit* (oberdt., ca 1170), Bruchstücke, die nur die Kindheit und Taufe des Heiligen berichten. Etwa zur gleichen Zeit (1180) verfaßte der *Wilde Mann*, wohl ein Kölner Geistlicher, zwei Legendendichtungen. Die eine, *Veronika* (660 Verse), gibt eigentlich in gutem Aufbau ein Leben Christi, dem in 108 Versen die Geschichte des Schweißtuches der Veronika vorangeschickt ist; die zweite Legende *Vespasian* (278 Verse) schildert (ähnlich der Veronika der mfr. Reimbibel), wie durch dieses Tuch mit dem Bilde Christi Kaiser Vespasian geheilt wird und daraufhin mit seinem Sohn Titus Christus an den Juden durch Zerstörung von Jerusalem rächt. Ebenfalls nach 1150 ist der mittelfränkische *Brandan* anzusetzen, der freilich nur in Bearbeitung des 13., 14. und 15. Jh.s vorliegt. Entrückungsgesichte und Jenseitsvisionen, wie sie schon von dem Iren Furseus im 7. Jh. berichtet und dann in der Patriciuslegende und in .der Geschichte vom Ritter Tundalus (dt. Fassung durch *Alber*, ca. 1190) als Mahnung zur Buße erzählt wurden, werden hier zu einer wunderbaren Meerfahrt umgebogen, bei der die Brandan auf Befehl Gottes die seltsamsten Wunder erleben muß, deren Farben der Dichter den Seefahrermärchen in Art der Odyssee und des Herzog Ernst entnahm. Auch die *Juliane* des êwart (Priester) *Arnold* gehört dem 12. Jh. an, obwohl sie erst im 14. Jh. in eine Handschrift des steiermärkischen Seckau nachgetragen wurde. Wie Margareta will Juliana nicht den ihr vom Vater bestimmten heidnishcne Grafen heiraten, sondern ihre Jungfräulichkeit bewahren. Sie wird mit verschiedenen. Martern gequält, aber lange Zeit von Engeln geschützt und kann mit deren Hilfe auch den Satan fesseln. Der schwäbische Dichter gehörte wie die 1140 nach dem oberbaye-

rischen Kloster Schäftlarn übersiedelnden anderen Prämonstraten-
ser zum schwäbischen Kloster Ursberg, verwaltete jedoch eine
Pfarrstelle. Für Schäftlarn, das Dionys und Juliana zu Patronen
hatte, dichtete er ca 1150 die Legende (626 Verse) der besonders für
den Frauenkonvent bestimmten hl. Juliane; 1158–1162 wirkte er
selbst als Probst in Schäftlarn.

Zu den Legenden gerechnet wird vielfach auch die Verserzählung *Pilatus*
(rheinfr., 1170/1180, Bruchstück von 621 Versen), eine freie Nacherzäh-
lung der lateinischen Prosa, die das Leben des Pilatus von der Zeugung bis
zum Tode berichtet. Man nennt diese in Art eines Rittergedichtes gehaltene
Verserzählung auch Antilegende, da sie die sündhafte Zeugung, das böse
Leben und den Verbrechertod des Gewaltmenschen Pilatus zeige. Die
Zeugung durch König Tyrus zu richtiger Sternenstunde mit einer Magd ist
jedoch nur Übertragung aus der Karlssage und keineswegs sündhaft. Auch
sonst spricht keine religiöse Empfindung mit, sondern lediglich das Fabu-
lieren der Sage, die die Tat des Pilatus aus seinem Vorleben erklären und
andererseits den Verbrecher gegen Christus seiner verdienten Strafe zufüh-
ren will. Undenkbar, daß diese Sage im Gottesdienst vorgetragen wäre:
damit wird aber der Ausdruck ›Antilegende‹ für diese im Bereich weltlicher
Sage bleibende Geschichte gegenstandslos.

*Literatur:*

»*Textsammlungen und Allgemeinliteratur*«: *Hans Ferdinand Massmann*,
Dt. Gedichte d. 12. Jh.s, 1837, ²1969; *Diemer*, 1849; MSD, 1892; *Paul
Piper*, Die geistl. Dichtung d. MA.s, 2 Bde, 1888 (Texte oder Inhaltsan-
gaben); *Carl Kraus*, Dt. Gedichte d. 12. Jh.s, 1894; *Karl Konrad Polheim*, Die dt. Gedichte d. Vorauer Hs.Kod.276, Faks., 1958; *Maurer*
1964/70; *Eleonore Hamm*, Rhein. Legenden d. 12. Jh.s, Diss. Köln
1937; *Heinz Rupp*, Dt. religiöse Dichtungen d. 11. u. 12. Jh.s, 1958,
²1971; *Cornelis Soeteman*, Dt. geistl. Dichtung d. 11. u. 12. Jh.s, ²1971.
»*Afralegende*«: *Siegfried Sudhof*, Verf. Lex. 5, 1955, Sp. 10–12; *Hellmut
Rosenfeld*, Alem. Ziukult u. SS. Ulrich- u. Afra-Verehrung in Augsburg,
Arch. f. Kulturgesch. 37, 1955, S. 306–335; *Friedrich Zöpfl*, Die Hl.
Afra in Gesch., Kult u. Legende, 1967.
»*Albanus*«: hrsg. *Kraus* Nr. 10; *Maurer* 3, 1970, S. 605–613; *Karin Mor-
vay*, Die A-Legende, Dt. Fassungen u. ihre Beziehungen zur lat. Über-
lieferung, 1977 (Medium Aevum 32); *Dies.*, Verf. Lex. ²1, 1978,
Sp. 106–108.
»*Alexius*«: hrsg. *H. F. Massmann*, St. Alexius Leben in 8 gereimten mhd.
Behandlungen, 1843, S. 45–67; *Gerhad Eis*, Beiträge zur mhd. Legende
u. Mystik, 1935, S. 256–303; *Hans-Friedrich Rosenfeld*, Verf. Lex. ²1,
1978, Sp. 226–235.
»*Andreas*«: hrsg. *Kraus* Nr. 13; *Karl-Ernst Geith*, Verf. Lex. ²1, 1978,
Sp. 337.
»*Armer Hartmann*«: hrsg. *Massmann* S. 1–42; *Maurer* 2, 1964, S. 567–628;
*Konrad Kunze*, Studien zur Legende d. hl. Maria Aegyptica im dt.

Sprachgebiet, 1969, S. 55–58; *Rupp*, ²1971, S. 134–216; *Konrad Kunze*, Verf. Lex. ²1, 1978, S. 450–454.

*»Frau Ava«:* hrsg. *Diemer* Nr. 7; *Maurer* 2, 1965, S. 369–513; Ders., Dichtungen der A., 1966 (ATB 66); *Polheim*, Faks. 1958, Bl. 115–125; *Richard Kienast*, Ava-Studien, ZfdA 74, 1937, S. 1–36; 77, 1940, S. 85–104; *Hellmut Rosenfeld*, Frau Ava und d. dt. Personename Awe, in: Göppinger Arbeiten z. Germanistik 234, 1977, S. 19–27; *Edgar Papp*, Verf. Lex. ²1, 1978, S. 560–565.

*»Brandan«:* hrsg. *Carl Schröder*, 1891; *Torsten Dahlberg*, Brandiana, Göteborg 1958; C. *Selmer*, The beginning of the Brandan Legend on the continent, Catholic historical Review 29, 1943, S. 169–176; *Walter Haug*, Brandans Meerfahrt, Verf. Lex. ²1, 1978, Sp. 985–991.

*»Crescentia«:* hrsg. *Edward Schröder*, MGH, Dt. Chron. 1, 1, 1892, S. 289–314; *Karin Baasch*, Die C.-Legende in d. dt. Dichtung d. MA.s, 1968; *Eberhard Nellmann*, Verf. Lex. ²2, 1980, Sp. 19–23.

*»Johannes Baptista des Priesters Adelbrecht«:* hrsg. *Kraus* Nr. 4; *Maurer* 2, 1965, S. 328–341; *Karl-Ernst Geith*, Verf. Lex. ²1, 1978, Sp. 62/63.

*»Judith (Ältere)«:* hrsg. *Diemer* Nr. 4; *MSD* Nr. 37; *Maurer* 2, 1965, S. 398–407; *Polheim*, Faks. Bl. 100; *O. Baltzer*, Judith in d. dt. Lit., 1930; *Hans Steinger*, Verf. Lex. 2, 1936, Sp. 717–721; *Wolfgang Stammler*, Zur staufischen J.-Ballade, ZfdA 70, 1947/49, S. 32–36; *Erich Henschel*, Zur älteren J., PBB 75, 1951, S. 304f.; 75, 1953, S. 414–420; *Soeteman*, ²1971, S. 62–64; *De Boor*, ⁸1, 1971, S. 164.

*»Jüngere Judith«:* kritisch hrsg. H. *Monecke*, Die J. J. in d. Vorauer Hs., 2 Bde, Diss. Hamburg 1961; *Maurer* 2, 1965, S. 225–259; *Polheim*, Faks. Bl. 100.

*»Jünglinge im Feuerofen«»:* hrsg. *Diemer* Nr. 4; MSD Nr. 36; *Maurer* 2, 1965, S. 402–404; *De Boor* ⁸1, 1971, S. 164; *Soeteman*, ²1971, S. 65f.

*»Juliane des êwart Arnold«:* hrsg. *Karl-Ernst Geith*, Priester Arnolts Legende von der Hl. J., Diss. Freiburg 1966; *Maurer* 3, 1970, S. 5–51; *Hellmut Rosenfeld; NDB* 1, 1953, S. 378/379; Ders., ZfdPh 86, 1967, S. 455–457; *W. Berschin*, Zur lat. u. dt. J.-Legende, Studi Medievali 14, 1973, S. 1003–1012; *Peter Ganz*, Verf. Lex. ²1, 1978, Sp. 489–493.

*»Margareta«:* *Piper* 2, S. 18–21; *Ehrismann* 2, 1, 1922, S. 158f.; *G. G. van Andel*, Die M.-Legende in ihren ma. Versionen, Diss. Amsterdam 1933; *Soeteman*, ²1971, S. 80.

*»Patricius«:* hrsg. *Kraus* Nr. 7. *Ehrismann* 2, 1, 1922, S. 162; *L. L. Hammerich*, Verf. Lex. 3, 1951, Sp. 836; *De Boor* ⁸1, 1971, S. 194; *Soeteman*, 1 ²1971, S. 81.

*»Pilatus«:* hrsg. *Massmann* 1, S. 145–152; *Karl Weinhold*, ZfdPh 8, 1877, S. 253–288; *Friedrich Neumann*, Verf. Lex. 5, 1955, Sp. 908–913; *De Boor* ⁸1, 1971, S. 203f.

*»Reimbibel«:* hrsg. *Hugo Busch*, Ein Legendar aus dem Anfang des 12. Jh.s, ZfdPh 10, 1879, S. 129–204, 281–326, 390–485; 11, 1880, S. 13–62; *Josef Schatz*, Eine Reimbibel d. 12. Jh.s, neue Bruchsstücke, ZfdA 59, 1922, S. 1–22; *Ehrismann* 2,1, S. 1 ²1922, S. 151f.

*»Tobias des Pfaffen Lamprecht«:* hrsg. *Ernst Müller*, Werke d. L., S. 61ff.; *Maurer* 2, 1965, S. 515–535; *Ehrismann* 2, 1, 1922, S. 110–114; *Willy*

*Krogmann*, Verf. Lex. 3, 1943, Sp. 4–17; *Cola Minis* ebda 5, 1955, 581–583; *De Boor* ⁸1, 1971, S. 173f.

»*Trierer Aegidius*«: hrsg. *Max Roediger*, ZfdA 21, 1877, S. 331–412; *Karl Bartsch*, Germania 26, 1881, 1–57; *Ehrismann* 2, 1, 1922, S. 153–155; *Hans Steinger*, Verf. Lex. 1, 1933, Sp. 17f.; *Albert Leitzmann*, ZfdA 82, 1948/50, S. 25–56; *De Boor* ⁸1, 1971, S. 207f.

»*Trierer Silvester*«: hrsg. *Carl Kraus*, MGH, Dt. Chron. 2, 1895, S. 1–61, 133–138; *Ehrismann* 2, 1, 1922, S. 153–155; *Edit Perjus*, Verf. Lex. 4, 1953, Sp. 214–219; *Eberhard Nellmann*, ZfdPh 85, S. 48f. (Hs. Stadtbibl. Trier); *De Boor* ⁸1, 1971, S. 205f.

»*Tundalus des Alber*«: hrsg. *A. Wagner*, Visio Tnugdali, lat. u. altdt., 1882, S. 119–186; *Hellmut Rosenfeld*, NDB 1, 1953, S. 122f.; *Wiebke Freytag*, Verf. Lex. ²1, 1978, Sp. 108–111.

»*Veit*«: hrsg. *Kraus* Nr. 5; *Maurer* 3, 1970, S. 615–619; *Ehrismann* 2, 1, 1922, S. 155; *Hans Hansel*, Verf. Lex. 4, 1953, Sp. 685f.

»*Veronica u. Vespasian des Wilden Mannes*«: hrsg. *Karl Köhn*, Die Gedichte d. W. M.s, 1891, S. 1–32; *Bernhard Standring*, desgl., 1963 (ATB 59); *Ehrismann* 2, 1, 1922, S. 128–132; *Hans Eggers*, Verf. Lex. 4, 1953, Sp. 968–977; *Karl-Ernst Geith*, Zu einigen Fassungen d. V.-Legende in d. ma. Lit., Festgabe Friedrich Maurer, 1968, S. 262–288; *G. Zandt*, Neophilologus 54, 1970, S. 267–276; *De Boor* ⁸1, 1971, S. 202f.

### 3. Marienlegenden und Mirakel im Mittelalter

Die Legenden dieses Zeitraumes wachsen also aus dem heilgeschichtlichen Rahmen der damaligen streng gebundenen Frömmigkeitshaltung mit ihrer bußfertigen Gesinnung hervor. In diesem frühmhd. Weltbild ist auch die erste und zugleich reifste epische Mariendichtung fest verankert, die aus dem von Cluny ausgehenden Marienkult erwuchs. Das *Marienleben* des Priesters *Wernher* (auch *Driu liet von der maget*) wurde im Zusammenhang mit der Einsetzung des Festes »Annunciatio beatae *Mariae virginis*« im Kloster St. Ulrich u. Afra zu Augsburg (1171) und im Auftrage des Priesters Manegold von einem sonst unbekannten Pfaffen *Wernher* in Augsburg 1172 gedichtet. Wernher verarbeitete das Pseudo-Matthäus-Evangelium und die kanonischen Evangelien unter Freihalten von üppigem Rankenwerk und Mirakelreihungen zu einem Marienleben mit drei beinahe selbständigen Teilen (1. Teil bis zur Darstellung der dreijährigen Maria im Tempel, 2. Teil bis zur Heimsuchung, 3. Teil bis zur Heimkehr aus Ägypten, mit einem Ausblick auf Tod, Auferstehung und Jüngstes Gericht). So entsteht ein wohlausgewogenes Legenden-Triptychon mit heilsgeschichtlichem Rahmen, teils predigthaft, teils mit hymnischem Schwung. Unbeschadet aller Verflechtung mit den Gedanken und religiösen Haltung der frühmhd. Dichtung weist dies zwischen den Zeiten stehende reife Werk in seiner aufs Plastische drängenden weltbildlichen Haltung, in seiner lebendigen Darstellung und in seiner fortgeschrittenen Verskunst auf die höfische Dichtung voraus. Eine Überarbeitung um 1200 (Fassung D = Berlin Ms germ. oct. 109) zeigt bereits in Verstärkung der menschlicheren Darstellung höfische Züge und Einfluß der Bernhardinischen Mystik. Wernhers Werk hat das Jesus- und Marienleben und den Reiz der apokryphen Kindheitsevangelien der deutschen Legendendichtung erst richtig erschlossen. *Konrad von Fussesbrunnen* kannte Wernhers Dichtung, als er nach der gleichen Quelle, aber bereits unter dem stilistischen und metrischen Einfluß Hartmanns von Aue seine *Kindheit Jesu* dichtete (niederöstr., ca 1200–1210). Ihm folgte *Konrad vom Heimesfurt* mit *Von unser vrouwen hinvart* (schwäb., ca 1225, 1130 Verse) und *Urstende* (ca 1230), die den Tod und die Wiedererweckung und Himmelfahrt Mariä und Christi Leidensgeschichte, Tod, Auferstehung und Höllenfahrt, wenn auch mit lehrhaften Einflechtungen, erzählen.

Ein *Grazer Marienleben* (nach 1280, fragmentarisch, 950 Verse erhalten) folgt in den ersten 432 Versen noch dem Pseudo-Matthäus-Evangelium wie Wernher, dann aber der Anfang des 13. Jh.s gedichteten *Vita beatae Mariae virginis et salvatoris rhythmica*, einer Zusammenfassung des ganzen apokryphen Materials. Die weite Verbreitung der Vita besonders im Südosten ist ein Zeugnis für die anschwellende Marienverehrung, die Maria zur bevorzugten Nothelferin werden läßt. Äußerst eng hält sich an die »Vita rhythmica« der Schweizer *Walther von Rheinau* in seinem *Marienleben* (ca 1278). Nur im Syntaktischen und Stilistischen und in Zusätzen mit theologischer oder typologischer Deutung weicht er bei seiner schon von Konrad von Würzburg beeinflußten, aber in volksgläubiger Frömmigkeit vorgetragenen Dichtung von dieser Vorlage ab. Eine viel freiere Nachschöpfung der Vita mit Auslassungen, Zusätzen und Umstellungen lieferte der Karthäuserbruder *Philipp* in seinem *Marienleben* (md., ca 1316, 10131 Verse), das er in Seitz (Südsteiermark) für den Deutschen Ritterorden, den ritterlichen Marienorden, dichtete und das hier wegen seiner vielseitigen Verwendbarkeit fast kanonische Geltung errang. Die Neigung des Dichters zum Gemütvollen tritt besonders in der liebevollen Behandlung der Kindheit Jesu hervor. Das Leben Christi bildet auch den Hauptinhalt und Kern der Dichtung, ist aber eingebettet in das Leben Mariä (Buch I) und Tod und Himmelfahrt Mariä am Schluß des 4. Buches. Die ungemein reiche und langwährende Verbreitung (über 18 Handschriften sind erhalten) beweist, wie sehr diese innige Marienverehrung der Zeit entsprach. Dabei hat neben der Qualität auch mitgewirkt, daß dieses Marienleben von der großen Gemeinschaft des Deutschritterordens getragen wurde, während das *Marienleben* des Schweizers *Werner* (ca. 1350), die tief empfundene Übersetzungsarbeit eines Außenseiters, nur in einer einzigen Handschrift von 1382 erhalten blieb. Das *Marienleben* des *Heinrich von St. Gallen* (ca 1420) gibt unter Heranziehung allegorisch-poetischen Erzählgutes und der Offenbarung der Hl. Birgitta eine theologisch fundierte volkstümlich-erbauliche Auslegung des Lebens der Gottesmutter. Die reiche Überlieferung (31 Hss.) dieser Prosafassung bezeugen den Erfolg beim Lesepublikum.

Diese und andere ungenannte Mariendichtungen zeigen sich gegenüber dem höfischen Epos mit seiner Idealkunst wirklichkeitsnäher und auch legendenhafter als die höfische Heiligenlegende. Das rechtfertigte es, diese Mariendichtungen hier unbeschadet der Chronologie zusammenzufassen. Alsbald schlossen sich an diese Marienlegenden *Mirakelerzählungen*, die die Macht der zur Himmelskönigin erhöhten Gottesmutter erweisen wollen, in Not Geratenen zu helfen und in Sünden Verstrickte durch ihre Fürbitte zu retten.

Die Rettung des Teufelsbündlers *Theophilus* berichten schon *Hrotswith* und der *Arme Hartmann*. Maria, um Gnade angerufen, hilft dem Reuigen, bringt ihm die Teufelspakturkunde zurück, er stirbt als Begnadigter. Dieses Marienmirakel bringt der Liber Matutinalis Clm 17401, verfertigt von Conrad Schirensis 1206/25, als Zyklus von 13 Bildern mit lateinischen Versen. Voran gibt er ebenfalls in 13 Bildern mit lateinischen Versen das weniger bekannte Mirakel von der *schwangeren Äbtissin*. Um Hilfe angerufen, läßt Maria die Äbtissin auf den Altarstufen von Engeln entbinden und den Neugeborenen einem Eremiten übergeben. Vor bischöflichem Gericht wird sie gegenüber den Denunzianten gerechtfertigt, aber gesteht nun freiwillig ihre Schuld und Marias Hilfe, worauf der Bischof den neugeborenen Knaben zu seinem Nachfolger erziehen läßt.

Auch andere dieser Marienmirakel, die besonders seit dem 13. Jh. in deutschen Versen oder auch in Prosa erzählt wurden, gehen auf lateinische Vorlagen zurück und sind z. T. von anderen Heiligen auf Maria übertragen. Das erste gereimte deutsche Marienmirakel scheint die Legende von *Bischof Bonus* zu sein (Ende 12. Jh.), der in der Nacht vor Maria unter Assistenz der Engel und Apostel die Messe lesen darf. Wenig später wurde das *Jüdel* aus dem lateinischen in deutsche Verse übertragen, die Geschichte eines Judenknaben, der ein Marienbild reinigt und deshalb, als er wegen heimlicher Teilnahme an der christlichen Kommunion von den Juden in den Backofen geworfen wurde, von Maria gerettet wird. Mirakelerzählungen, die die Gottesmutter als freundliche Helferin, Trösterin und Erretterin aus den Banden des Teufels zeigen, gleichen sich auf Grund gewisser Strukturähnlichkeit manchmal stark den profanen Schwankerzählungen an.

Sie führen dann auch stimmungsmäßig aus der Welt der Legende heraus, der sie ihrem erzählerischen Genus nach ja auch von Haus aus gar nicht angehören. Aber sie erweisen auch so die Volkstümlichkeit und Intensität der mittelalterlichen Marienverehrung.

*Literatur zur Mariendichtung:*

*Hans Fromm*, Mariendichtung, RL ², 1959, S. 274–279; *Hilde Gaul*, Der Wandel d. Marienbildes in d. dt. Dichtung u. bild. Kunst vom frühen zum hohen MA., Diss. Marburg 1949 (Masch.); *H. Bühler*, Die Marienlegende als Ausdruck ma. Marienverehrung, Diss. Köln 1965; *P. Appelhans*, Untersuchungen zur spätma. Mariendichtung, 1970; *D. Lorenz*, Studien z. Marienbild d. dt. Dichtung d. hohen u. späten MA.s, Diss. München 1970; *Gero von Wilpert*, Sachwörterbuch d. Lit., ⁶1979, S. 495 f.

*»Marienleben des Priesters Wernher«:* hrsg. *Hermann Degering*, Driu liet von der maget, 1921; Carl Wesle, W.s Maria, Bruchstücke u. Umarbeitungen, 1927; übers. *Hermann Degering*, mit d. Bildern d. Berlin. Ms. Germ. oct. 109, 1925; *Ulrich Pretzel*, Studien zur M. d. W., ZfdA 75, 1938, S. 65–82; Ders., Verf. Lex. 4, 1953, Sp. 901–910; *Hans Fromm*, Quellenkrit. Bemerkungen z. M. d. W., Annales Acad. Scient. Fennicae B 84, 1954, S. 315–334; Ders., Untersuchungen zum M. d. W., 1955; *De Boor* ⁸1, 1971, S. 214–217.

*»Konrad von Fussesbrunnen' Kindheit«:* Jesu; hrsg. *Karl Kochendörfer*, 1881; krit. hrsg. *Hans Fromm/Klaus Grubmüller*, 1973; *Hans Fromm* (u. a.), Ausgew. Abbildungen zur ges. handschr. Überlieferung, 1977 (Litterae 42), vgl. *Werner Fechter*, ZfdA 107, Anz. S. 113–117; *De Boor* 2, 1953, S. 377–379; *Emil Öhmann*, Die Kindheit Jesu d. K. v. F. u. Wernhers Maria, ZfdA 65, 1928, S. 195–200; *W. J. Schröder*, Verf. Lex. 5, 1955, Sp. 547–550; *Hans Fromm*, Festschrift f. H. *de Boor*, 1970, S. 193–210.

*»Konrad von Heimesfurt«:* Himmelfahrt Mariä hrsg. *Franz Pfeiffer*, ZfdA 3, 1851, S. 156–200; Urstende, hrsg. *K. A. Hahn*, Gedichte d. 12. u. 13. Jh.s., 1840; *Ehrismann* 2, 2, 2, 1935, 363–365; *De Boor* 2, 1953, S. 377–379; *Walter Johannes Schröder*, Verf. Lex. 5, 1955, Sp. 555–558; *Werner Fechter*, ZfdA 105, 1976, S. 194–201; Ders., PBB 99, 1977, S. 78–98; Ders., NDB 12, 1980, S. 542 f.

*»Grazer Marienleben«:* hrsg. *A. E. Schönbach*, ZfdA 17, 1874, S. 519–560; *Achim Masser*, in: *Rudolf Schützeichel*, Studien z. dt. Lit. d. MA.s, 1979,. S. 542–552 (will die Verse umstellen); *Werner Fechter*, Verf. Lex. ²3, 1981, Sp. 229 f.

*»Vita beatae Mariä virginis«:* hrsg. *A. Vögtlin*, 1888; *Gerhard Eis*, Verf. Lex. 4, 1953, Sp. 710–713.

*»Walter von Rheinau«:* Marienleben, hrsg. *Edit Perjus*, Åbo ²1949; vgl. *Werner Wolf*, AfdA 64, 1948, s. 112–116; *Hans-Friedrich Rosenfeld*, Dt. Lit.-Zeitung 1950, Sp. 175–178; *Gerhard Eis*, Verf. Lex. 4, 1953, Sp. 793–795; *Siegfried Sudhof*, ebda 5, 1955, Sp. 1116 f.

»*Bruder Philipps*« *Marienleben:* hrsg. *Heinrich Rückert*, 1853; *Uwe Ruberg*, Neues zur Überlieferung von Ph.s M., ZfdA 100, 1971, S. 148–158; *Ludwig Denecke*, Verf. Lex. 3, 1943, Sp. 880–891; 5, 1955, Sp. 894 f.; *Kurt Gärtner*, Die Überlieferungsgeschichte von Ph.s M., Habilschr. Marburg 1978.

*Marienleben des Schweizers Werner«:* hrsg. *Max Päpke/Arthur Hübner*, 1920; *Max Päpke*, Das M. d. W., 1913; *Ludwig Denecke*, Verf. Lex. 4, 1953, Sp. 933 f.; 5, 1955, Sp. 933 f.

»*Marienleben des Heinrich von St. Gallen*«: hrsg. *Hardo Hilg*, 1981 (MTU 75); *Hardo Hilg/Kurt Ruh*, Verf. Lex 3, 1981, Sp. 738–744.

»*Marienmirakel*«: hrsg. *Friedrich Heinrich v. d. Hagen*, Gesamtabenteuer 3, 1850, Nr. 72–89; *Franz Pfeiffer*, Marienlegenden (aus dem Alten Pasional), ²1863; *Hans-Georg Richert*, desgl., 1965 (ATB 64); *Adolf Mussafia*, Studien z. d. ma. Marienlegenden, Sitzungsber. d. Akad. d. Wiss. Wien 113, 1886, S. 917–994; 115, 1888, S. 5–92; 119, 1889, 9; 123, 1891, 8; 139, 1898, 8; *Stefan Beissel*, Geschichte d. Verehrung Marias in Deutschland während d. MA.s, 1909, S. 489–511; *Hans Fromm*, Rl ²2, 1959, S. 276–279.

»*Theophilus*«: *Hans H. Weber*, Studien z. d. dt. Marienlegenden d. MA.s am Beispiel des Theophilus, 1966.

»*Schwangere Äbtissin*«: hrsg. *Johannes Damrich*, Ein Künstlerdreiblatt d. 13. Jh.s aus Kloster Scheyern, 1904, S. 13–16; *Herman Hauke/Renate Kroos*, Das Matutinalbuch von Scheyern, Faks., Einführung, 1980, S. 55–61.

»*Bischof Bonus*«: hrsg. *Moritz Haupt*, ZfdA 2, 1842, S. 208–215; *Edward Schröder*, Nachrichten d. Gött. Ges. d. Wiss., Phil.-hist. Kl. 75, 1924, S. 1–13; Ders., ZfdA 75, 1938, S. 114; *Konrad Kunze*, Verf. Lex. ²1, 1978, Sp. 952 f.

»*Jüdel*«: hrsg. *K. A. Hahn*, Gedichte d. 12. u. 13. Jh.s, 1840, S. 129–134; *Heinrich Meyer-Benfey*, Mhd. Übungsstücke, ²1920, S. 84–96. – *Eugen Wolter*, Der Judenknabe, 1879; *Hans-Friedrich Rosenfeld*, Verf. Lex. 2, 1936, Sp. 665 f.; *Edward Schröder*, ZfdA 79, 1938, S. 24.

## 4. Legendenromane und höfische Legenden

Wie die Marienmirakel, so wird auch der *Orendel* landläufig zu den Legenden gezählt (3891 Verse, mfr., erhalten nur Abschrift von 1818 nach Hs. von 1477!). Die ursprüngliche Dichtung wurde wahrscheinlich im Anschluß an die Translation des hl. Rockes von Trier vom St. Nikolausaltar in den Hauptaltar 1196 gedichtet als eine Mirakelerzählung, die die Echtheit und Schicksale des hl. grauen Rockes von der Anfertigung für Christus bis zur Überführung nach Trier (1124 erfolgte die Niederlegung im St. Nikolausaltar) dartun soll. Fabulierfreude hat jedoch Brautwerbungsmotiv, Abenteuermotive des spätantiken Apolloniusromans und Kämpfe um das hl. Grab in bunter Fülle gehäuft, so daß die ursprüngliche

Mirakelerzählung sich darin verliert. Mancherlei spricht dafür, daß die überfüllte Dichtung kein Spielmannsgedicht des 12. Jh.s, sondern Versroman des 14./15. Jh.s ist. Das gleiche gilt vom *Oswald*, einem angeblich 1170 entstandenen Legendenroman (mfr.?), der ebenfalls nur in Fassungen des 15. Jh.s erhalten ist (Münchner Oswald, bair., 3547 Verse, Wiener Oswald, schles.). Oswalds Heirat mit der Tochter eines von ihm bekehrten Heidenkönigs ist Anlaß, das Heiligenleben ganz nach dem Brautwerbungsschema zu gestalten, wobei einem Raben, der als Spielmann und Brautwerber fungiert, die Hauptrolle zufällt. So atmet die Dichtung Geist und Kolorit der mit den Orientpilgern lebendig gewordenen hellenistisch-orientalischen Welt. Trotz aller Gebetswunder und göttlicher Rettungen überwuchert die weltliche Fabulierfreude völlig den Stoff, so daß die Umrisse der Legende von 1170 nicht mehr erkennbar sind.

Der heilige Oswald (604–642) war König von Northumbrien, breitete das Christentum aus und starb im Kampf mit einem Heidenkönig. Seine Gebeine wurden 1030 nach St. Winnoc in Flandern übertragen, sein Haupt seit 1138 in Echternach am Rhein verehrt, sein Kult im 13. Jh. in Oberdeutschland und besonders in den Alpenländern verbreitet. Die Vita von 1165 folgt noch der Geschichte und berichtet nur Wunder bei und nach seinem Tode.

Zweifellos sollte die Oswaldlegende von 1170 für den Heiligen und seinen Kult werben. Das gleiche gilt vom *Servatius* des *Heinrich von Veldeke* (limburg., 1170, 6226 Verse, Urtext nach Hs. des 15. Jh.s rekonstruiert). Veldeke dichtete auf Bitte seiner Dienstherrin Gräfin Agnes von Loon und auf Betreiben des Hessel, Kustos von St. Servatius zu Maastricht, auf Grund lateinischer Vorlagen. Der 1. Teil erzählt das Leben im Rahmen der lothringischen Kirchengeschichte und stellt den Heiligen der Gottesgeißel Attila gegenüber, den er vorübergehend bekehrt (Reflex davon in Nibelungenliedfassung C). Der 2. Teil bietet die Geschichte der Reliquien im Rahmen der Kaisergeschichte (das Ineinander von Weltgeschichte und Heilsgeschichte erinnert an das Annolied) und schildert besonders liebevoll die Mirakel am Grab des Heiligen, die seine Macht dartun, seinen Gläubigen zu helfen und sie zu retten. Die Tochter der Auftraggeberin, Gräfin Agnes von Loon, heiratete Otto I. von Wittelsbach, Herzog von Baiern, und brachte so den Servatiuskult nach dem Süden; wahrscheinlich veranlaßte sie den sog. *oberdeutschen Servatius* (ca 1180). Der Dichter, wohl ein Chorherr des Wittelsbacher Hausstiftes Indersdorf, kannte Veldekes Servatius und folgt wie er der lateinischen Vita. Nur faßt er stärker zusammen und läßt die Mastrichter Lokalinteressen begreiflicherweise zurücktreten. Wie das bairische Rolandlied gestaltet er die kriegerischen Ereignisse (Hunnensturm und die Heidenschlacht Karls des Großen) wirkungsvoll aus, so daß seine Dichtung sich durchaus mit der Frühdichtung Veldekes messen kann. Das kann man von der Legende des *Hl. Ulrich* nicht sagen, die *Albertus von Augsburg*, wohl Prior von St. Ulrich und Afra, im Anschluß an die Translation von 1187, an der auch Kaiser Friedrich Barbarossa mitwirkte, ca 1190 verfaßte (1605 Verse). War hier der Heilige durch die Translation seiner Überreste in den neugebauten Dom aktuell geworden, so ist bei der Legende von *Kaiser Heinrich II. und Kaiserin Kunegunde* zweifellos Kunigundes Heiligsprechung (9. 9. 1201) der Anlaß für *Ebernand von Erfurt* gewesen (4752 Verse, thüring.). Nennt er doch als Veranlasser und Freund Reimbot, Kirchner von Bamberg, der auf Grund einer Vision diese Heiligsprechung betrieben hatte. Der Dichter, ein Stadtbürger, hält sich eng an die lateinische Vita Heinrichs, der Gründer des Bamberger Bistums war, bietet also weitgehend Historie. Im ganzen aber ist die Legende durchaus eine Propagandaschrift für die neuen Heiligen, und dieser Propagandacharakter ist es, was alle diese vor-und frühhöfischen Legendenromane miteinander verbindet.

Wie Servatius in der Legende der Hunnen, so war der historische Ausgburger Bischof Ulrich († 973) den Ungarn entgegengetreten. Das und sein asketischer Lebenswandel schimmert auch in der lateinischen Ulrichs-vita des Berno von Reichenau († 1048) noch durch, die Albertus recht getreu in deutsche Reime umsetzte, nur um einige Mirakel am Grabe vermehrt. Nur einige Modeworte wie *gezimieret, amis, clâr* zeigen einen ersten Reflex höfischer Dichtung in dieser durchaus vorhöfischen schlichten Legendendichtung.

*Literatur:*

»Orendel«: hrsg. *A. E. Becker*, 1888, *Hans Steinger*, 1935 (ATB 36); Faks. d. Vers- und d. Prosafassung nach d. Drucken von 1512, hrsg. *Ludwig Denecke*, 1972 (Slg Metzler 111); *Ehrismann* 2, 1, 1927, S. 337–345; *E. Teubner*, Zur Datierung d. mhd. O.-Epos, Diss. Göttingen 1954; *Willy Krogmann*, Verf. Lex. 5, 1955, Sp. 791–795; *De Boor* ⁸1, 1971, S. 268–270.
»Oswald«: Münchner Oswald, hrsg. *Georg Baesecke*, 1907; Wiener Oswald, hrsg. *Georg Baesecke*, 1912; desgl., hrsg. *Gertrud Fuchs*, 1920; *A. Berger*, die O.-Legende in d. dt. Lit., PBB 11, 1885, S. 365–469; *Ehrismann* 2, 1, 1922, S. 328–337; *Willy Krogmann*, Verf. Lex. 5, 1955, Sp. 791–795; *Michael Curschmann*, Der Münchner O. u. d. dt. spiel-männ. Epik, 1964; *Rolf Bräuer*, Die drei Fassungen des Legendenromans d. Hl. O. u. d. Problem der sogen. Spielmannsdichtung. Wiss. Zschr. d.

E. M. Arndt-Univ. Greifswald 15, 1966, S. 551–555; *De Boor* [8]1, 1971, S. 266–268.

*»Servatius des Heinrich von Veldeke«:* hrsg. *Theodor Frings/Gabriele Schieb*, 1956; *K. Walter*, Quellenkrit. Untersuchungen z. 1. Teil d. S.-Legende, Diss. Münster 1970; *Ludwig Wolff*, Der S. d. H. v. V. u. der Oberdeutsche Servatius, Segen mit Sinne, Festschr. M.-L. Dietrich, 1976, S. 51–62; *W. Breuer*, Die Genealogie d. S., Legendenüberlieferung in theol. Interpretation, ZfdPh 98, 1979, Sonderheft S. 10–21; *Ludwig Wolff/Werner Schröder*, Verf. Lex. [2]3, 1981, sp. 899–918.

*»Oberdeutscher Servatius«:* hrsg. *Friedrich Wilhelm*, 1910; *Edit Perjus*, Verf. Lex. 4, 1953, Sp. 159–163; *De Boor* 2, 1953, S. 380.

*»Albertus von Augsburg«:* St. Ulrichs Leben, hrsg. *Johann Andreas Schmeller*, 1844 (nebst Berno von Reichenau lat. Vita); hrsg. *Karl-Ernst Geith*, New York 1971 (mit Bibliographie); *Werner Wolf*, Von der Ulrichsvita zur U.-Legende, Diss. München 1967; *Ulrich Wyss*, Theorie d. mhd. Legendenepik, 1973, S. 32–130; *Karl-Ernst Geith*, Verf. Lex. [2]1, 1978, Sp. 114–116.

*»Ebernand von Erfurt:* Heinrich und Kunigunde«, hrsg. *Reinhold Bechstein*, 1860, [2]1968; *Ehrismann* 2, 2, 2, 1935, S. 403 f.; *De Boor* 2, 1953, S. 381; *H.-J. Schröpfer*, H. u. K., Untersuchungen zur Verslegende d. E. v. E. und zur Geschichte ihres Stoffes, 1969; *Helga Schüppert*, Verf. Lex. [2]2, 1980, Sp. 290–293.

Seine geschliffene Form hat dem *Gregorius* des *Hartmann von Aue* (ca 1190, 4006 Verse) die Bezeichnung »höfische Legende« eingetragen. Höfisch ist nicht nur die Form. Gregor läßt sich mit keinem Papste dieses Namens identifizieren. Im Mittelpunkt dieser Dichtung steht mithin gar kein bestimmter, im Kult verehrter Heiliger, sondern vielmehr das Problem, wie ein mit schwerster Sünde belasteter Mensch (entsprossen aus Geschwisterehe, unwissentlich Gatte der eigenen Mutter!) durch Reue, Buße und Gottes Gnade zu einem Heiligen werden kann. Hartmann kehrt stärker als seine französische Quelle den religiös-legendaren Charakter dieser Inzestsage hervor, die wir bereits im Albanus vorfanden. Er verläßt aber in sprachlicher Durchformung, innerer Motivierung und tieferer Psychologie die einfache Berichtsform der Legende im Sinne einer höfischen Novelle. Das mittlere Erzählstück vom ritterbürtigen Findling, den es zu ritterlicher Tat treibt und der eine bedrohte Frau befreit und damit Königreich und Königin erwirbt, ist ein Artusroman im kleinen.

Fälschlicherweise werden auch *Hartmanns Armer Heinrich* und *Wolframs Parzival* manchmal zu den Legenden gezählt. Beide Dichtungen zeigen Gottes Eingreifen in die Entwicklung des Helden und kreisen um das ritterlich-religiöse Problem von Gott und Welt und innerer Umkehr, aber weder diese Tatsache noch die Art der Helden nötigt, hier von Heiligenverehrung und Legende zu sprechen. Anders ist es mit *Wolframs*

*Willehalm.* Das Gebet an den Heiligen am Anfang zeigt, daß der Dichter den Stoff dieses Heiligenlebens im Geiste gläubiger Verehrung aufgriff, wenn er auch die Legende mit allen Mitteln epischer Kunst zu einem Roman ausweitete (13 988 Verse, ca 1215/18). Der Schluß, der den Tod des Heiligen als Mönch hätte bringen sollen wie die zugrunde liegende chanson de geste, fehlt. Die Kreuzzugsstimmung gemahnt an das Rolandlied. Wie dort geht es um den Kampf zwischen Gottesreich und Teufelsreich, und der Tod im Kampf ist legendär umwobener Märtyrertod. In die Legende ist jedoch das Motiv adliger Sippenbindung und der Minne als Lebenseinheit sowie das höfisch-humane Menschenbild der Stauferzeit ebenso hineingenommen wie der politische und geographische Raum der Kreuzzugszeit. Damit wird die Grenze von der Legende zum Roman überschritten. Die weit ausladende, wenn auch gut durchkomponierte Form läßt fast vergessen, daß hier ausharrendes, gottvertrauendes Rittertum nicht nur Lebensinhalt, sondern Voraussetzung für die Erhebung zum Heiligen ist und für die Anrufung als »Helfer der Ritter«.

Diese christlich-ritterliche Haltung auf die alte Legende von *St. Georg*, dem Märtyrer vom unzerstörbaren Leben, zu übertragen, unternahm *Reinbot von Durne* in direkter Nachfolge Wolframs (6134 Verse, 1231/36). Noch kannte die Georgslegende den ritterlichen Drachenkampf nicht (er wird V. 466 f. ganz nebenbei gestreift). So blieb Georg als edler Fürstengestalt vom Blute Rolands und Willehalms nur die Rolle eines mutigen Bekenners, Märtyrers und Heros der Kirche. Die Einflechtung einer Tugendallegorie wäre in einer Legende völlig unmöglich. Da es sich im Grunde um ein höfisches Ritterepos handelt, wurde wenigstens beim Auszug der Brüder Georgs in den Heidenkampf das Motiv der artusritterlichen Aventiurefahrt eingeschoben. Mit Religionsgesprächen in der Art von Wolframs Willehalm sucht Reinbot den auf bittere Heidenfeindlichkeit aufgebauten Stoff zu mildern, aber Höfisches und Geistliches steht fast unverbunden nebeneinander.

Manche höfischen Legendendichtungen mögen ebenso verloren sein wie der *Eustachius* des *Rudolf von Ems* (ca. 1230), von dem wir nur aus Rudolfs Alexander V. 3287 f. wissen. Rudolfs großer Legendenroman *Barlaam und Josaphat* (ca. 1225, 16 244 Verse) schildert die Gewinnung eines indischen Königssohnes für das Christentum. Er bekehrt schließlich seinen widerstrebenden Vater, legt die Königsherrschaft nieder und zieht zu seinem Bekehrer in die Wüste als Einsiedler. Es ist das die indische Buddhalegende, die freilich schon 630 zur christlichen Asketenlegende umgedichtet wurde und Rudolf in lateinischer Fassung vorlag. Eine andere deutsche Versbearbeitung verfaßte wenig früher Bischof Otto II. von Freising († 1220), aber Rudolfs Dichtung hat ihm, wie die zahlreichen Handschriften erweisen, den Rang abgelaufen. Besonders das Gleichnis vom »Mann im Brunnen« ist in Literatur und Kunst weit verbreitet. Das gleiche Ziel einer Abkehrung von der Welt verfocht mit größerem Ernst *Lamprecht von Regensburg* in einer kunstlosen Verdeutschung der *Franziskusvita* des Thomas von Celano (ca. 1240, 5049 Verse). Obwohl er sich »Knappe« nennt, ist er von höfischer Verskunst nicht berührt, aber auch noch unberührt von franziskanischer Mystik, die er nach seinem Eintritt in den Franziskanerorden in sich aufnahm.

Rudolf von Ems wies im Alexander Vers 3259/61 auf ein *Margaretenleben* seines Freundes Wetzel hin. *Wetzel von Bernau*, wohl aus dem Aargau, dichtete also vor 1235 und, wie er andeutet, als Sühne für frühere weltliche Aventiuredichtungen, das Leben der 12jährigen Märtyrerin, die trotz Martern und Teufelserscheinungen ihren Glauben treu bewahrte. Ein anderer dichtete nach 1235 für Herzogin Clementia von Zähringen, die selbst eine 15jährige Erbstreitgefangenschaft hinter sich hatte, *Sant Margreten Marterbuch* (637 Verse). Etwa zur gleichen Zeit (ca 1230) enstand die erste deutsche *Christophoruslegende* (bair.-öster., 563 Verse), die den Heiligen in Umdeutung seines durch Wortillustration entstandenen Bildes mit Christus auf der Schulter zum Riesen machte, der nur dem Stärksten dienen will und dem dann beim Hinübertragen über den Fluß das Christuskind fast zu schwer wird. An diese volkstümliche Bildausdeutung ist das Martyrium der alten Legende wenig überzeugend angestückt. Trotz einiger Reminiszenzen an Wolfram gehört der Verfasser der *Guten Frau* (ca 1230, 3058 Verse) zu den Epigonen Hartmannscher Stilkunst. Er war Niederalemanne und dichtete für Hermann V., Markgraf von Baden, die Mär des jungen Grafenpaares, das um Gottes Lohn bettelnd durch die Welt zieht, getrennt wird und nach abenteuerlichen Schicksalen nebst den Kindern wieder vereinigt wird. Es ist der Typ der Eustachiuslegende, ist hier aber recht äußerlich mit der Karlssage verknüpft und führt deshalb aus dem Bereich der Legende heraus. In Bruchstücken nur erhalten ist ein mainfränkischer *Nikolaus*, der so glatt erzählt ist, daß man ihn fälschlich für ein Frühwerk Konrads von Würzburg hielt (ca 1250). Er folgt der lateinischen Vita des Johannes Diaconus von Neapel 880 mit den auch selbständig überlieferten Mirakelgeschichten verschiedener Art, scheint aber gedanklich frei gestaltet zu haben und schließt mit Bemerkungen über deutsche Art und Frömmigkeit (erhalten sind 770 von ca 4550 Versen).

Wie eine schlichte Verslegende ohne literarische Ambitionen erzählt, zeigt das von mir aufgefundene Teilstück einer unbekannten *Amicus-und-Amelius-Legende* aus der 1. Hälfte des 13. Jh.s (76 von ca 1230 Versen). Dieselbe Freundschaftssage, die Konrads von Würzburgs *Engelhard* (ca 1260) säkularisiert und zu 6504 Versen aufgeschwemmt bietet, ist hier im engen Anschluß an eine lat. Vorlage des 12. Jh.s gegeben, mit kleinen, aber entscheidenden Änderungen: das Eintreten des Freundes für den anderen im Gotteskampf, der Aussatz als Gottesstrafe, die göttliche Weisung, der Freund solle seine Kinder opfern zur Genesung des Aussätzigen, das Mitleid des Aussätzigen mit dem Vater, das Erbarmen des Vaters mit dem Freunde, schließlich das Erbarmen Gottes durch Wiederbelebung der Kinder. Wie in der lateinischen Vorlage muß die deutsche Verslegende mit dem Tode beider Freunde als Märtyrer auf dem Kreuzzug und ihre Bestätigung durch Wunder Gottes als Heilige (sie werden noch heute in Mortara bei Pavia als Freundschaftsheilige verehrt) geschlossen haben. Sie wurde als volkstümliches Andachtsbüchlein in Gürteltaschenformat verbreitet und gelesen. Ihr erzählerischer Wert wird deutlich, wenn man daneben die bislang unveröffentlichte ungeschickte Version des Steiermärkers Andreas Kurzmann († 1428) liest.

*Konrad von Würzburg* (ca 1225–1287) setzte die novellistische höfische Legende, wie sie Hartmann von Aue ausgebildet hatte, in der glatten Vers- und Stilkunst Gottfrieds von Straßburg fort. Das Hintergründige höfischer Hochkunst geht verloren, aber es bleibt der klangliche Reiz. Die glatte Form ermöglicht eine Breitenwirkung bei dem bürgerlichen Publikum, das der Franke im reichen Basel fand. Kennzeichnend für Konrads Legenden ist, daß weniger durch tiefere Psychologisierung der Legendencharakter beeinträchtigt wird, als dadurch, daß er seine Heiligenviten durch einen lehrhaften Zweck glaubt rechtfertigen zu müssen: Erziehung zur Selbstbeherrschung, zur Barmherzigkeit, zur Nachfolge der Heiligen. Der religiöse Impuls fehlt.

Auf Veranlassung eines Domherrn, des späteren Bischofs Liutolt von Roetenlein, verfaßte er den *Silvester* (ca 1270, 5220 Verse), seine erste Legende. Er folgt der lat. Vorlage sehr genau, schildert Jugend, Papstwahl, Drachenvertreibung, Heilung Konstantins und die Disputation mit 12 jüdischen Gelehrten, wobei eine Totenerweckung den Ausschlag für den Sieg des Christentums gibt. Beim *Alexius* (ca. 1274, 1413 Verse) handelt es sich um bürgerliche Auftraggeber, für die er wieder in engem Anschluß an die lat. Quelle die rührende Legende des enthaltsamen Heiligen nachdichtet, der vor der Hochzeit auf Bußfahrt geht und schließlich als unerkannter Bettler unter der Treppe seines Elternhauses lebt und stirbt. Mit größerer künstlerischer Freiheit gestaltet er endlich, wieder für einen bürgerlichen Auftraggeber und wieder nach lat. Quelle, aber weniger weitschweifig, das Leben des *Pantaleon*, des Patrons der Ärzte (ca. 1277, 2158 Verse). Pantaleon war Arzt und vollbrachte nach der Bekehrung in sozialer Barmherzigkeit wundersame Heilungen, bis er von Kaiser Maximianus gemartert wurde.

Wenn bei dem Stadtbürger Konrad bürgerliche Auftraggeber die Legendenstoffe bestimmten und ihre novellistische und lehrhafte Bewältigung guthießen, so waren es zwei Jahrzehnte vorher bei

*Ulrich von Türheim*, dem Ministerialen aus der Augsburger Gegend, adlige und fürstliche Gönner, die eine Fortsetzung des ritterlich-höfischen Heiligenlebens von Wolframs Willehalm forderten und förderten. Natürlich überwog bei diesem Thema das rein stoffliche Interesse an Krieg und Abenteuer.

Deshalb konnte wenig später der bürgerliche *Ulrich von dem Türlin* aus St. Veit in Kärnten zuerst am Kärntner Hof, dann in zweiter Bearbeitung ca 1265 für König Ottokar von Böhmen die Vorgeschichte des Wolframschen Willehalm nach Wolframs Andeutungen zu einem reinen Ritterroman von Willehalms Knappenzeit bis zur Heirat mit Kyburg gestalten. Demgegenüber war es Ulrichs von Türheim Bestreben, auf Grund der verschiedenen Chansons de geste, mit Rennewarts Taufe, Heirat und Mönchschaft und Willehalms und Kyburgs Mönchschaft das kreuzzughafte Heiligenleben zu einem asketischen, heiligmäßigen Abschluß zu bringen (*Rennewart*, ca 1250, 36500 Verse). Daß stellenweise Rennewarts und seines Sohnes Mallifers Kämpfe und Liebesabenteuer den eigentlichen Helden vergessen lassen, zeigt, daß dieser Legendenroman trotz seines legendenhaften Schlusses weitgehend vom Geiste des ritterlichen Abenteuerromans getragen ist, wenn auch dabei eine an vorhöfische Weltsicht und Legendenromane gemahnende Haltung gewahrt bleibt.

Wie Willehalm und Kyburg am Schluß ihres tatkräftigen Herrscherlebens ins Kloster gehen, so auch die herrscherlichen Ehegatten Wilhelm und Bene im *Wilhelm von Wenden* des *Ulrich von Etzenbach* (früher fälschlich »Eschenbach«). Dieser Legendenroman verherrlicht Wenzel II. von Böhmen und seine Gemahlin Guta (= Bene) und gibt zahlreiche Aspekte der böhmischen Geschichte, ist aber zugleich eine recht geschickte Übertragung der Eustachiuslegende in böhmische Verhältnisse: um Christus zu suchen, gehen Wilhelm und Bene auf Pilgerschaft, werden der Kinder beraubt und getrennt, finden sich aber schließlich alle zusammen, bewähren ihre herrscherlichen Fähigkeiten, um endlich nach weiser Regierung ins Kloster zu gehen (ca 1290, 8358 Verse). Wie Wolframs Willehalm, so wird auch dieser Legendenroman zur geistigen Auseinandersetzung zwischen Christentum und Heidentum. Wie bei Hartmanns Gregorius bildet nicht die Vergegenwärtigung eines Heiligen, sondern ein Problem den Ausgangspunkt (wie ein Heide aus eigenem Bemühen und durch Gottes Gnade zum Heiligen werden kann); wie Gregorius, so ist auch »Sant Wilhelm« nicht kultisch verehrter Heiliger, sondern dichterische Erfindung.

Um eine historisch beglaubigte Märtyrerin, die Schutzheilige Roms, dagegen handelt es sich in der *Martina* des Deutschordensbruders *Hugo von Langenstein*, der von der Mainau im Bodensee stammt (1293, alem., 32588 Verse).

Eine Dominikanerin hatte, in einer Vision auf diese Heilige hingewiesen, von Martina Hilfe in ihren Anfechtungen erfahren und daraufhin Hugo gebeten, für diese in Deutschland unbekannte Heilige zu werben. Das Martyrologium wies sie als unbeirrbare Bekennerin aus, die nach der standhaften Weigerung, den heidnischen Göttern zu opfern, elffacher Marterung unterworfen wurde, also wie ursprünglich Georg und Christophorus zu den Heiligen vom unzerstörbaren Leben gehört. Hugo sah als Nachfahre Konrads von Würzburg und als Priester in der Legende Gelegenheit zur Belehrung und hat davon überall ausgiebig Gebrauch gemacht und ganze Partien aus dem Physiologus, aus Innozenz' III. »De contemptu mundi« und aus dem »Compendium veritatis« eingeschoben, u. a. auch Darlegungen über die 15 Vorzeichen des Jüngsten Gerichtes. Seine christliche Tugendlehre in Form einer Kleiderallegorie zählt allein über 4000 Verse. Nebenbei werden auch die Legende von den »Jünglingen im feurigen Ofen« und von den »Siebenschläfern« eingeflochten. Allzu große Redseligkeit und literarischer Ehrgeiz machte den Legendenroman zu einem ganzen Kompendium der Dogmatik und Heilslehre, in dem sich die eigentliche Heiligenvita und die Werbung für die Heilige völlig verliert.

Eine heilsgeschichtliche Dichtung »*Christi Hort*« (5320 Verse) dichtete gegen Ende des 13. Jh.s ein sonst nicht bekannter *Gundacker von Judenburg*. Sie beginnt mit Schöpfung, Engelsturz, Sündenfall und Erlösungsplan, gibt v. 171–1304 Christi Leben bis zur Gefangennahme, wobei Erzählung und litaneihafte Anrufung wechseln. Der 3. Teil erzählt auf Grund des »Evangelium Nicodemi« v. 1305–3884, also außerordentlich ausführlich, Passion, Auferstehung, Himmelfahrt und Pfingsten. Teil 4 handelt von den 7 Vorzeichen der Zerstörung Jerusalems, von Tiberius' Heilung durch das Tuch der Veronika und dem Ende des Pilatus. Trotz der nicht ganz zusammengewachsenen vier Teile kann man von einem *Legendenroman* im späthöfischen Stil sprechen. *Heinrich von München* hat einige Jahrzehnte später 3200 Verse von Gundacker übernommen. Den Legendenromanen kann man auch zurechnen ein »*Leben der Gräfin Jolande von Vianden*« (nur in einer um den Schluß gekürzten Kopie von 1655 mit 5963 Versen erhalten). Bruder *Hermann*, möglicherweise selbst aus gräflichem Geschlecht, hat diese Vita bald nach ihrem Tode als Priorin von Kloster Marienthal 1283 gedichtet; Jolande war gegen den elterlichen Widerstand Nonne geworden und wurde als selig verehrt. Jedenfalls spricht *Alexander von Wiltheim* in seiner »*Vita beatae Jolandae*« 1674 von den »*miracula Jolandae*«. Hermanns als Legende stilisierte Lebensbeschreibung sollte wohl die Kanonisierung der frommen gräflichen Priorin vorbereiten, die jedoch nicht ernsthaft betrieben wurde.

Allzu breit angelegt ist auch das Leben der *Hl. Elisabeth* eines unbekannten Verfassers aus Marburg oder dem Kloster Altenburg bei Wetzlar (nach 1297, 11050 Verse). Elisabeth, die 13jährig verheiratete, 20jährig verwitwete und 24jährig gestorbene Landgräfin, steht in ihrer Enthaltsamkeit, Barmherzigkeit und Menschenliebe und als kindhafte Dulderin dem Herzen des Volkes ungleich näher als jede Märtyrerin und wurde deshalb schon 1235 (4 Jahre nach ihrem Tode) heiliggesprochen; sie wurde auch in zeitgenössischen Volksballaden verherrlicht, wie alte Nachrichten und eine zersungene Volksballade erweisen. Der Dichter des Legendenromanes folgte jedoch getreu der etwas schwülstigen lat. Vita des Franziskaners Dietrich von Apolda (1289). Stilistisch ist Konrad von Würzburg sein Vorbild, jedoch behielt er den predigthaften Ton seiner Vorlage bei. Im Stil Konrads und der höfischen Legende ist auch die alemann. Magdalenenlegende *Der Sälden Hort* geschrieben (nach 1298, 11304 Verse), freilich weniger mit der Absicht, eine Legende zu bieten als den weltlichen Romanen eine fromme unterhaltende Dichtung entgegenzustellen. Um Magdalena aus ihrer Zeit zu verstehen, wird vorher das Leben Christi und Johannes des Täufers dargestellt, andererseits wird die eigentliche Heiligenvita mit Motiven des griech. Abenteuerromans und mit theologisch-apologetischen Reden zu einem Umfang aufgeschwemmt, wie er dem Sammeleifer und der Lehrhaftigkeit des ausgehenden Mittelalters entsprach.

*Literatur zur Legendendichtung des Hochmittelalters:*

*»Allgemein«: Max Wehrli*, Romane und Legenden im dt. Hochmittelalter, Worte und Werte, 1961, S. 428–443; *Klaus Brinker*, Formen der Heiligkeit, Studien zur Gestalt des Heiligen in den mhd Legendenepen des 12. u. 13. Jh.s, 1968; *Ulrich Wyss*, Theorie d. mhd. Legendenepik, 1973; *Achim Masser*, Bibel- und Legendenepik d. dt. MA.s, 1976.

*»Gregorius des Hartmann von Aue«:* hrsg. *Hermann Paul*, 1882, [12]1973 (hrsg. *Ludwig Wolff*, ATB 2); hrsg. *Friedrich Neumann*, 1958, [2]1968; Die Überlieferung des Prologs, der Hs. A. u. anderer Textzeugen, hrsg. *Norbert Heinze*, 1974 (Litterae 28); Mhd *(Friedrich Neumann)* u. übers. *Burckhard Kippenberg*, 1959, [2]1978 (Recl. Un. Bibl. 1787); *Friedrich Maurer*, Leid, 1951, [2]1961, S. 39–69; *Gabriele Schieb*, Schuld u. Sühne in H.s G., PBB 72, 1956, S. 51–64; *Hildegard Nobel*, Schuld u. Sühne in H.s G. und in d. frühscholast. Theologie, ZfdPh 76, 1957, S. 42–79; *H. Sparnay*, Der Enkel des Königs Armenios u. d. G.-Sage, Miscellanea Litteraria, Groningen 1959, S. 125–140; *Hugo Kuhn*, Der gute Sünder – Der Erwählte, Nachwort zur Übers. *B. Kippenberg*, 1959, [2]1979, S. 235–249; *Wolfgang Dittmann*, H.s G., Untersuchung zu Überlieferung, Aufbau u. Gehalt, 1966; *Christoph Cormeau*, H.s Armer Heinrich

u. G., 1966; *K. D. Goebel*, Untersuchungen zu Aufbau u. Schuldproblem in H.s G., 1974; *Friedrich Ohly*, Der Verfluchte und der Erwählte, Vom Leben mit d. Schuld, 1976; *B. Herlem-Prey*, Neues zur Quelle von H.s G., ZfdPh 97, 1978, S. 414–428; *Christoph Cormeau*, Verf. Lex. ²3, 1981, Sp. 500–526.

»*Willehalm des Wolfram von Eschenbach*«: hrsg. *Albert Leitzmann*, ⁵1963 (ATB 15/16); Mhd (nach *Karl Lachmann*, ⁶1928) und in Prosa übers. *Dieter Kartschoke*, 1968; *Friedrich Maurer*, Leid, 1951, ²1961; *De Boor* 2, 1953, S. 114–121; *Eduard Hartl*, Verf. Lex. 4, 1953, Sp. 1058–1091; *Werner Wolf*, ebda 5, 1955, Sp. 1135–1138; *Hans Joachim Koppitz*, W.s Religiösität, 1959; *Joachim Bumke*, W.s. W., Studien z. Epenstruktur u. zum Heiligkeitsbegriff d. ausg. Blütezeit, 1959; *Friedrich Ohly*, W.s Gebet an d. Hl. Geist im Eingang d. W., ZfdA 91, 1961, S. 1–37; *Gottfried Weber*, Die Grundidee in W.s W., Lit.-wiss. Jahrb. 6, 1963, S. 1–21; *Gerhard Meissburger*, Zum Prolog von W.s W. GRM 46, 1965, S. 119–138; *Walter Johannes Schröder*, Der Toleranzgedanke u. d. Begriff d. Gotteskindschaft in W.s W., Festschr. Karl Bischoff, 1975, S. 400–415; *Joachim Bumke*, W. v. E., ⁵1981 (Slg Metzler 36), S. 114–155. – *Willehalm des Ulrich von dem Türlin: hrsg. S. Singer, 1893; H.-Fr. Rosenfeld*, Verf. Lex. 4, 1953, Sp. 608–612.

»Hl. Georg des Reinbot von Durne«: hrsg. *Carl Kraus, 1907; Ruth Friedrich, Geistliches u. Höfisches im Hl. G. d. R. v. D., Diss. München 1951; Horst Dallmayer, Der Stil d. R. v. D., Diss. München 1953;* Walter Johannes Schröder, *Verf. Lex. 5, 1955, Sp. 967–972; Wyss, 1973, S. 131–180; Sigrid Braunfels-Esche, St. Georg, Legende, Verehrung, Symbol, 1976, S. 36f.;* 122f.

»Barlaam und Josaphat des Rudolf von Ems«: hrsg. *Franz Pfeiffer, 1843, ²1965 (hrsg. Heinz Rupp); Ehrisman 2, 2, 2, 1935, S. 24–28; Ders., Verf. Lex. 3, 1943, Sp. 1121–1126; Ludwig Wolff, ebda 5, 1955, Sp. 1012–1016; Heinz Rupp, R.s v. E. B. u. J., Dienendes Wort, Festgabe f. E. Benda, 1959, S. 11–37; Hiram Peri-Pflaum, Der Religionsdisput d. B. – Legende, Motiv abendländ. Dichtung, 1959 (Acta Salm. Fil. y Letr. 14,3);* Wyss, 1973, S. 181–215; Hellmut Rosenfeld, *Lex. d. MA.s 1, 1980, Sp. 1467f.*

»Laubacher Barlaam des Otto II. von Freising«: hrsg. *Adolf Perdisch, 1913; Ders., Der L. B., Diss. Göttingen 1903; Ludwig Denecke, Ritterdichtung und Heidengötter, 1930, S. 130–132; Ehrismann, 2, 2, 2, 1935, S. 28.*

»St. Francisken Leben des Lamprecht von Regensburg«: hrsg. *Karl Weinhold, 1880; Ehrismann 2, 2, 2, 1935, S. 403; Engelbert Krebs, Verf. Lex. 3, 1943, Sp. 17f.;* De Boor 2, 1953, S. 384.

»Margareta Wetzels von Bernau«: hrsg. *G. G. van Andel, Die M.-Legende in ihren ma. Versionen, Groningen 1933; Hugo Kuhn, Verf. Lex. 4, 1953, Sp. 936f.; Gerhard Eis, ebda 5, 1955, Sp. 1122f.*

»St. Margareten Marterbuch«: hrsg. *Karl Bartsch (als »Wetzels Margarete«), Germ. Studien 1, 1872, S. 1–30; Hugo Kuhn, Verf. Lex. 4, 1953, Sp. 936f.*

»Christophorus« B: hrsg. *E. Schönebach, ZfdA 26, 1883, S. 20–84; Hans-Friedrich Rosenfeld, Der hl. Chr., s. Verehrung und s. Legende, Åbo 1937; Ders., Verf. Lex. 5, 1955, Sp.133–139; Josef Szöverffy, Die Verhö-*

61

*fischung d. ma. Legende, Beitrag zur Chr.-Frage,* ZfdPh 91, 1972, S. 23–29.

»Gute Frau«: hrsg. E. Sommer, ZfdA 2, 1942, S. 385–481; 4, 1844, S. 399f.; Denis J. B. Mackinder-Savage, *Die g. F., a textual and literary investigation, diplomatic copy, critical edition,* 2 Bde, Diss. Auckland/New Zealand 1978; Dies., *Verf. Lex.* ²3, 1981, Sp. 329–330.

»Nikolaus«: Karl Meisen, *Nikolauskult u. N.-brauch im Abendlande, 1931;* Edward Schröder, ZfdA 74, 1937/38, S. 130–132; Hans Hansel, *Verf. Lex.* 3, 1943, Sp. 567–571.

»Amicus und Amelius«: hrsg. Hellmut Rosenfeld, *Eine neu entdeckte dt. A.-u.-A.-Verslegende des 13. Jh.s,* PBB 90, 1968, S. 43–56; F. J. Mone, *Die Sage von A. u. A.,* AnzfKdVz 4, 1835, S. 145–160; E. Kölbing, *Zur Überlieferung d. Sage von A. u. A.,* PBB 4, 1877, S. 270–314; Ingo Reiffenstein (Hrsg.), *Konrads v. Würzburg Engelhard,* ²1963 (ATB 17) S. X–XVIII; Hellmut Rosenfeld, *Verf. Lex.* ²1, 1978, Sp. 329f.

»Konrads von Würzburg Legenden«: hrsg. Paul Gereke, 1925/27 (ATB 19/ 21); G. O. Janson, *Studien zu d. Legendendichtungen K.s v. W.,* Diss. Marburg 1902; Gerhard Eis, *Beiträge z. mhd Legende u. Mystik, 1935,* S. 107–155; Eduard Hartl, *Verf. Lex.* 2, 1936, Sp. 913–929; Hellmut Rosenfeld, *ebda* 5, 1955, Sp. 568; Brinker, 1968, S. 169–212; T. R. Jackson, *K. v. W.s legends,* F. Ganz/W. Schröder, *Probleme mhd Erzählform, 1969,* S. 197–213; Wyss, 1973, S. 216–256.

»Rennewart des Ulrich von Türheim«: hrsg. Alfred Hübner, 1938, ²1964; Hans-Friedrich Rosenfeld, *Zur Überlieferung von U.s v. T. R.,* PBB 73, 1951, S. 429–456; De Boor 2, 1953, S. 187–191; Gerhard Eis, *Verf. Lex.* 4, 1953, Sp. 603–608; W. Müller, *Das Weltbild U.s v. T.,* Diss. Berlin 1957.

»Wilhelm von Wenden des Ulrich von Etzenbach«: hrsg. Hans-Friedrich Rosenfeld, 1957; Ders., *Verf. Lex.* 4, 1953, Sp. 572–582; Ehrismann 2, 2, 2, 1935, S. 82–84; De Boor 3, 1, 1962, S. 1962.

»Martina des Hugo von Langenstein«: hrsg. Adelbert Keller, 1856; Ehrismann 2.2.2. 1935, S. 401–403; Hans Hansel, *Verf. Lex.* 3, 1943, Sp. 290–294; Karl Stackmann, *ebda,* 5, 1955, Sp. 426–431; De Boor 3, 1, 1962, S. 537f.

»Christi Hort des Gundacker von Judenburg«: hrsg. J. Jaksche, 1910; K. Stübiger, *Untersuchungen zu G. v. J.,* 1922, ²1967; De Boor 3, 1, 1962, S. 504–506; Werner Fechter, *Verf. Lex.* ²3, 1981, Sp. 303–306.

»Jolande des Bruder Hermann«: hrsg. John Meier, *B. H.s Leben d. Gräfin J. von Vianden, 1889;* De Boor 3, 1, 1962, S. 341f.; Wyss, 1973, S. 257–280; Wolfgang Jungandreas, *Verf. Lex.* ²3, 1981, Sp. 1050f.

»Leben der Hl. Elisabeth«: hrsg. Max Rieger, 1868; Friedrich Maurer, *Verf. Lex.* 1, 1933, Sp. 551–553; Ludwig Wolff, *ebda* 5, 1955, Sp. 191f. (zur E.-Ballade); De Boor 3, 1, 1962, S. 539–541; Hans Fromm, *Mhd Übersetzung von Dietrichs von Apolda lat. Vita d. Elisabeth von Thüringen,* ZfdPh 86, 1967, Sonderheft S. 20–45; Helmut Lomnitzer, *Zu dt. u. niederl. Übersetzungen d. E.-Vita Dietrichs v. Apolda,* ZfdPh 89, 1970, S. 53–65; Ders., *Verf. Lex.* ²2, 1980, Sp. 103–110.

»Der Sälden Hort (Magdalenenlegende)«: hrsg. Heinrich Andrian, 1927;

Nachträge, ZfdA 87, 1956, S. 295–317; 89, 1958, S. 69–75; Charlotte Liersch, Motivgeschichtl. u. stilist. Untersuchungen zur alem. Magdalenenlegende, Diss. Marburg 1936; F. Eder, Studien zu »Der S. H.«, 1938; Carl von Kraus, Zu S. H. u. Seifrits Alexander, 1940; W. Henss, Tatians Diatessaron im S. H., Diss. Marburg 1953; Artur Witte, Verf. Lex. 4, 1953, Sp. 3f.; 5, 1955, Sp. 1025; De Boor, 3, 1, 1962, S. 506f.

## 5. Die deutsche Legende im ausgehenden Mittelalter

Zu den verschiedenen literarischen Tendenzen des ausgehenden Mittelalters gehört mit der Freude am Stoff auch die Neigung zum Anhäufen verwandter Dichtung. Diese Neigung, die Minnesängerhandschriften, Heldenepenbücher und Romansammelhandschriften zeitigte, kam auch der deutschen Legende zugute. Es ist kein Zufall, daß dies zufrühst im Bereich des *Deutschen Ritterordens* in Preußen geschah. Hier stand man der höfischen Lyrik fern, und die höfische Epik mit ihrer auf Ehre und Frauendienst eingestellten Gedankenwelt fand hier keinen Widerhall. Das gegebene Vorbild für einen mönchischen Ritterorden waren die Märtyrer und Heiligen. So entstand als Ersatz für die weltliche Epik, die die Ritter vor ihrem Ordenseintritt gewohnt waren, und zum Vorlesen in der Gemeinschaft das *Passional* (ca 1300 ostmdt., fast 110000 Verse) und, wahrscheinlich vom gleichen Verfasser gedichtet, das *Väterbuch* (ca 1280–1300, 41542 Verse), das wohl vor dem Passional begonnen, aber erst später abgeschlossen wurde.

Der Dichter kennt Rudolf von Ems und Konrad von Würzburg, tritt aber ungleich beiden, die auf ihren Ruhm bedacht waren, anonym und bescheiden hinter seine Werke zurück. Schiffahrtstechnische Ausdrücke erweisen, daß er an der Küste des Ordenslandes zu Hause war. Die »Legenda aurea« des Jacobus de Voragine bildet eine Hauptquelle für das Passional, aber nicht die einzige. Das 1. Buch bringt das Leben Jesu einschließlich der legendarischen Kindheitswunder bis zur Auferstehung und zum Pfingstwunder, aber umrahmt vom Marienleben und gefolgt vom Marienlob und den köstlichen Marienmirakeln, die bis in unsere Zeit lebendig geblieben sind. Das 2. Buch handelt von den Aposteln, von der Zerstörung Jerusalems und von Maria Magdalena, das 3. Buch, weit umfangreicher als die beiden ersten zusammen, bringt mit Nikolaus beginnend und dann dem Kirchenjahr folgend, 75 Heiligenlegenden, darunter auch die kunstvoll aufgebaute Franziskuslegende und am Schluß die besonders lebendig gestaltete Katharinenlegende, der noch ein Lob auf den Weltenschöpfer folgt. Die Wirkung des Passionals war stark. Davon zeugen 70 erhaltene Handschriften, die allerdings meist entweder nur die ersten beiden, als zusammengehörig betrachteten Bücher oder nur das 3. Buch mit den eigentlichen Heiligenlegenden überliefern.

Das Väterbuch folgt Hieronymus' »Vitae patrum« und bringt in gleicher anschaulicher und gut komponierter Weise wie das Passional die Legenden der frühchristlichen Eremiten, Kirchenväter und Büßer, die zwar keine Märtyrer waren, aber in den Ruf der Heiligkeit kamen. Den Abschluß bildet eine farbenprächtige Darstellung des Jüngsten Gerichtes nach dem »Libellus de Antichristo« des Adso, dem »Compendium theologiae veritatis« und anderen Quellen. Über 25 Handschriften zeigen die Beliebtheit auch dieser Dichtung. Ob die Prosafragmente des Väterbuches in den Handschriften des 14. Jh.s und den Wiegendrucken (Hain 8603–8609) auf den Versen unseres Väterbuches beruhen oder unmittelbar auf Hieronymus, ist noch nicht geklärt.

Passional und Väterbuch sind die umfangreichsten und künstlerisch bedeutendsten Legendenwerke der mhd. Literatur. Ihr Dichter hat die vorgefundenen Legenden zu lebenswarmen, in sich geschlossenen Erzählungen vertieft. Eine andere Sammlung der Zeit, das *Buch der Märtyrer* (ca 1320, über 28 450 Verse) ist im Auftrag einer Gräfin von Rosenberg (in Südböhmen) in mittelbair. Sprache wohl von ihrem Hauskaplan mehr schlecht als recht zusammengedichtet worden.

Die Handschriften sind von ungleicher Vollständigkeit: sie schwanken zwischen 95, 73 und 40 Legenden. Ursprünglich waren es offensichtlich 103 Legenden, die nicht wie die der *Legenda aurea* dem Kirchenjahr, sondern dem Kalenderjahr folgend angeordnet waren. Für 77 Stücke war eine noch nicht edierte Sammlung kurzer lateinischer Legenden zum Vorlesen in der zweiten Nocturn die Vorlage. Obwohl der Dichter bisweilen mißverstand, mancherlei wegließ und in trockenem Chronistenton schreibt, fand sein Werk 150 Jahre lang weite Verbreitung, besonders in Österreich. Die einzelnen Legenden sind von unterschiedlicher Länge: dem hl. *Felix* werden nur 36, der hl. *Katharina* aber 902 Verse gewidmet.

Dem Zug der Zeit, die Fessel des Reimes abzuschütteln, trägt das *Heiligenleben* des *Hermann von Fritzlar* (1343/1349) Rechnung. Hermann war ein mystisch orientierter Laie, der in Beziehung zum Erfurter Predigerkloster stand. Er hat seine Legenden z.T. aus Predigten entnommen, und wie eine Predigtsammlung über die Heiligen des ganzen Jahres nimmt sich diese lebendig geschriebene Sammlung aus. So kann man die Postille des Heinrich von Erfurt für die Herrensonntage des Jahres als Ergänzung zu Hermanns Heiligenleben ansehen. Andere prosaische Legendensammlungen sind zahlreich in Handschriften verbreitet. Die umfangreichste ist *Der Heiligen Leben*, fälschlich auch *Prosa-Passional* oder *Wenzel-Passional* genannt, und entstanden in Nürnberg 1384/1400, wohl für zur strengen Klosterregel zurückgeführte Dominikarinnenklöster gedacht. Es zerfällt dem Kirchenjahr entsprechend in Winterteil und Sommerteil. Diese Teile sind wie bei Predigtsammlungen oft einzeln überliefert. Quelle ist einesteils das *Buch der Märtyrer*, aber auch zahlreiche andere Dichtungen, darunter auch Hartmann's von Aue *Gregorius*. Für die Beliebtheit dieser Sammlung spricht, daß sie 1471 bis 1521 sogar 78mal gedruckt wurde. So zeigt sich in jeder Weise, daß die Legendensammlungen mit Aufgabe der Versform die Grenze zwischen Dichtung und Predigt beiseite schoben. Während sie bis dahin als Dichtungen der Predigt selbständig gegenüberstanden und ihr nur Anregung und Material boten, wurden sie jetzt zu einer Art Postille.

*Literatur:*

»*Passional*«: Buch 1/2, hrsg. *K. A. Hahn*, 1845; Buch 3, hrsg. *Friedrich Karl Köpke*, 1852, ²1966; Marienlegenden, hrsg. *Franz Pfeiffer*, 1846, ²1863; desgl. hrsg. *Hans-Georg Richert*, 1965 (ATB 64); *Hellmut Rosenfeld*, Ein neues P.-Fragment (M), ZfdA 99, 1970, S. 157f.; *Gerhard Thiele*, Der Ursprungsraum d. P., Diss. Berlin 1936; *Karl Helm/W. Ziesemer*, Die Lit. des dt. Ritterordens, 1951; *Willy Krogmann*, Verf. Lex. 5, 1955, Sp. 863–867; *Hans-Georg Richert*, Studien zum P., Die Marienlegenden, Diss. Hamburg 1961; *De Boor* 3, 1, 1962, S. 527–531; *Hellmut Rosenfeld*, LThK 8, 1964, Sp. 143f.; *Hans-Georg Richert*, Wege u. Formen d. P.-Überlieferung, 1978.

»*Väterbuch*«: hrsg. *K. Reissenberger*, 1914, ²1967; *Gerhard Eis*, Verf. Lex. 4, 1953, Sp. 677–682; *Konrad Kunze*, Studien zur Legende d. hl. Maria Aegyptiaca im dt. Sprachgebiet, 1969, S. 68–78; weitere Lit. bei »Passional«.

»*Buch der Märtyrer*«: hrsg. *Erich Gierach*, 1928; *Fr. P. Knapp*, Drei Bruchstücke d. M. aus d. 13. Jh., ZfdA 100, 1971, S. 432–444; *Gerhard Eis*, Die Quellen d. M.s, 1932; *Erich Gierach*, Verf. Lex. 1, 1933, Sp. 311–314; *Konrad Kunze*, Die Hauptquellen d. M.-buches, ZfdPh 88, 1969, S. 45–57; *Ders.*, Das M., Grundlinien einer Interpretation, ZfdPh, 1971, S. 429–449; *Ders.*, Verf. Lex. ²1, 1978, Sp. 1093–1095.

»*Heiligenleben des Hermann von Fritzlar*«: hrsg. *Franz Pfeiffer*, Die Mystiker d. 14. Jh.s 1, 1845; ²1962; *Ehrismann* 2, 2, 2, 1935, S. 381f.; *Engelbert Krebs*, Verf. Lex. 2, 1936, Sp. 415f.; *Wilfried Werner/Kurt Ruh*, Verf. Lex. ²3, 1981, Sp. 1055–1059.

»*Der Heiligen Leben*«: Gesamtausgabe fehlt! *Maria Höbing*, Erzählformen d. Wenzelpassionals, Diss. Münster 1935; *Gerhard Eis*, Kritik d. Bezeichnung »Wenzelpassional«, ZfdPh 75, 1956, S. 274–278; *Karin Schneider*, Die dt. Legende Karls d. Gr., ZfdPh 86, 1967, Sonderheft S. 46–63; *Werner Williams-Krapp*, Studien zu D. H. L., ZfdA 105, 1976, S. 274–303; *Konrad Kunze*, Verf. Lex. ²3, 1981, Sp. 617–625.

Auch im Spätmittelalter fehlt es neben den Sammlungen nicht an Einzellegenden und legendenartigen Dichtungen. Dabei ist wieder

der Deutschritterorden in erster Linie zu nennen. Für ihn dichtete, wie erwähnt, *Bruder Philipp* sein *Marienleben* (ca 1316, 10131 Verse), dessen fast kanonische Geltung 88 erhaltene Handschriften bezeugen. Im Deutschordensland dichtete auch *Heinrich von Hesler*, der aus der Gegend von Gelsenkirchen oder Thüringen stammt, um 1300 sein *Evangelium Nicodemi* (5392 Verse). An die Darstellung von Christi Leben und Tod, die den apokryphen und kanonischen Evangelien folgt, schließt sich nach der Höllenfahrt die Legende der Hl. Veronika an mit der Heilung des Kaisers durch Veronikas Tuch und der Zerstörung von Jerusalem als Sühne für Christi Tod. Hineinverflochten ist auch die Mirakelerzählung vom Kreuzesholz, das aus einem durch Adam gepflanzten Zweig vom Baum des Lebens entsprossen sein soll, eine Geschichte, die der Thüringer *Helwig von Waldirstet* für den in den Deutschen Orden eingetretenen Friedrich von Baden zu einer eigenen *Maere vom heiligen Kreuz* (ca 1320, 980 Verse) gestaltete. Er führt die Geschichte weiter bis zum Wiederauffinden des Kreuzes durch die Hl. Helena und die Wiedergewinnung des entführten Kreuzes durch Kaiser Eraclius. Vorbild war vielleicht die wenig ältere *Kreuzholzlegende* des *Heinrich von Freiberg* (8882 Verse) und die entsprechende Stelle im *Passional*.

Als eine Art Legenden können auch die zum Vorlesen in Deutschordenskreisen bestimmten Reimübersetzungen alttestamentlicher Bücher gelten, eine *Judith* (1304, 2772 Verse), eine *Hester* (2010 Verse), *Segen Jakobs* (nach Moses I, unveröffentlicht), aus der Zeit des Hochmeisters Luder von Braunschweig (1331–1335), der selbst eine für uns verlorene Hl. Barbara dichtete, *Makkabäer* (14410 Verse), *Daniel* (1331, 8348 Verse), *Hiob* (1338, 15528 Verse), *Esra und Nehemia* (1341, 3201 Verse) und die *Historien von der alden ê* (1340/50, 6000 Verse), eine nicht sehr geglückte Zusammenfassung der Historienbücher des AT, wobei er Eindrückliches wie Isaaks Opferung und Jakobs Betrug um die Erstgeburt ausläßt. Dem Zug der Zeit zur Prosa folgen *Claus Crancs Propheten*, 1359 auf Begehren des obersten Marschalls Sivrit von Taevelt geschrieben, und *Jörg Stulers* Auflösung der *Judith* und *Hester* in Prosa (1479). Natürlich zerfließen die Grenzen zwischen solchen legendenhaften Bibeldichtungen und auf der Bibel aufgebauter Erbauungsliteratur. *Tilo von Kulm* etwa gibt in seiner Dichtung *Von siben ingesigeln* (1331, 6284 Verse) nach einem Prolog über Luzifers Fall, dem Sündenfall Adams und den Streit von Milde und Gerechtigkeit und andere Personifikationen eine Heilsgeschichte von der Verkündigung Mariä bis zum Jüngsten Gericht, durchflochten mit theologischen und moralischen Betrachtungen, die auch kirchliche Mißstände geißeln und Dietrich von Bern als einem tapferen Mann ohne Freunde den an Freunden reichen Christus entgegenstellt. *Heinrichs von Hesler Apokalypse* (23254 Verse) geht zwar dem Problem von Sündenfall und Erlösung durch Gottes Wirken im Rahmen der Heilsgeschichte nach, machte sein Werk aber durch Reflexionen über zeitgenössische Zustände, geistliche und weltliche Fragen, z. B. über Eheleben und Mönchsunwesen, interessant und wirkungsvoll.

Wie aus mündlicher Sage sich eine Legende entwickeln kann, zeigt *Nikolaus von Jeroschin* in seiner gereimten *Kronike von Pruzinlant* (ca 1341) V. 26 540–26 581; dieser »Legende von der keuschen Nonne«, die sich lieber den Kopf abschlagen läßt, als die geschworene Keuschheit zu verlieren, fehlte nur die Festlegung auf einen Namen und Ort, um eine legitime Heiligenverehrung hervorzurufen. *Nikolaus von Jeroschin* war es auch, der Leben und Martyrium des bei Bekehrung der heidnischen Preußen und Polen umgekommenen *Hl. Adalbert* nach der Vita des Johannes Canaparius übertrug (vor 1314, Fragment von 277 Versen). In seiner Chronik berichtet er V. 6431 ff. über die *Hl. Barbara* des Hochmeisters *Luder von Braunschweig*, die uns leider verloren ist (ca. 1308); Barbara war im Deutschordensland hoch verehrt, aber im Passional vergessen. Eine Lokalheilige des Deutschordenslandes ist die Klausnerin *Dorothea von Montau* bei Marienwerder († 1394). Ihr Leben, ihre Visionen und Wunder beschrieb ihr Beichtvater *Johannes von Marienwerder* († 1417) erst lateinisch, dann deutsch (gedruckt 1492). Zur Deutschordensliteratur gehört wahrscheinlich auch die *Thomaslegende* (ca. 1310, 406 Verse).

*Literatur zur Deutschordendichtung:*

*Paul Piper*, Legenden u. d. Deutschordensdichtung, 1888, (Dt. Nat. Lit. 3, 2); *Philipp Strauch*, Die Deutschordenslit. d. MA.s, 1910; *Walter Ziesemer*, Die Lit. d. Dt. Ordens in Preußen, 1928; *Karl Helm/W. Ziesemer*, Die Lit. d. Dt. Ritterordens, 1951; *Gerhard Eis*, Deutschordensliteratur, RL ²1, 1958, S. 244–251; *Günther Junghans*, Literar. Leben im Dt. Ritterorden (Studien zum Deutschtum im Osten 5) 1969.
»*Evangelium Nicodemi u. Apokalypse des Heinrich von Hesler*«: hrsg. *Karl Helm*, 1909, ²1976; *Piper*, 1888, S. 202–285; *Arthur Masser*, Verf. Lex. ²3, 1981, Sp. 749–755. – »*Maere vom hl. Kreuz des Helwig von Waldirstet*«: hrsg. *P. Heymann*, 1908; *De Boor* 3, 1, ⁴1973, S. 546; – »*Bibeldichtung*«: *Ehrismann*, 2, 2, 2, 1935, S. 674–678; *De Boor* ⁴1973, S. 489–496. – »*Hester*«: hrsg. *K. Schneider*, German. Studien, 1872, ²1977, S. 247–315; *Günther Junghlut*, Verf. Lex. ²3, 1981, Sp. 1201 f. – »*Segen Jakobs*«: *Hans Eggers*, Verf. Lex. 4, 1953, Sp. 150. – »*Makkabäer*«: *Karl Helm*, B. d. M. in mitteldt. Bearbeitung, 1914; *Willy Krogmann*, Verf. Lex. 3, 1943, Sp. 222–227. – »*Daniel*«: hrsg. *A. Hübner*, Die poet. Bearbeitung d. Buches D. aus d. Stuttg. Hs., 1911; *Günther Junghlut*, Verf. Lex. ²2, 1980, Sp. 42 f. – »*Hiob*«: hrsg. *T. E. Karsten*, Die md.

poet. Paraphrase d. Buches H., 1915; *Achim Masser*, Verf. Lex. ²4, 1983, Sp. 45–47. – *»Esra und Nehemia«:* hrsg. *S. D. Stirk*, E. u. N., 1938; *Helm/Ziesemer*, 1951, S. 115–117; *Günther Jungblut*, Verf. Lex. ²2, 1980, Sp. 632f. – *»Historien der alden ê:* hrsg. *Wilhelm Gerhard*, 1927; *Peter Heesen*, Verf. Lex. ²4, 1983, Sp. 65–67. – *»Von siben ingesigeln des Tilo von Kulm«:* hrsg. *K. Kochendörfer*, 1907; *Hans-Friedrich Rosenfeld*, Verf. Lex. 4, 1953, Sp. 473–478; *De Boor*, 3,1, 1962, S. 509–512. – *»Die Legende von der keuschen Nonne«: Hellmut Rosenfeld*, Bayer. Jahrb. f. Volkskunde 1953, S. 43–46. – *»Deutschordenschronik des Nikolaus von Jeroschin«:* hrsg. *E. Strehlke*, 1861; *Willy Krogmann*, Verf. Lex. 3, 1943, Sp. 588–599. – *»Leben d. sel. Dorothea von Montau«:* hrsg. *M. Toeppen*, Scriptores rer. Pruss. 2, S. 179–379; Vita Dorotheae Montoviensis Johannis de Marienwerder, hrsg. *Hans Westphal/Anneliese Triller*, 1964; *Hans Steinger*, Verf. Lex. 1, 1933, Sp. 453–457. – *»Thomaslegende«:* hrsg. *Friedrich Wilhelm;* Dt. Legenden u. Legendare, 1907, S. 105–135, 10–19.

Natürlich sind alle deutschen Landschaften an der Legendendichtung beteiligt. Viele Legenden sind noch in unausgeschöpften Handschriften versteckt, andere nur fragmentarisch erhalten, das Bekannte unübersehbar.

*Der Maget Krône* (nur teilweise ediert, lange verschollen, jetzt Cgm 5264, 14. Jh.) enthält ein Marienleben und die Lebensbeschreibung der 10 hl. Jungfrauen Barbara, Dorothea, Margareta, Ursula, Agnes, Lucia, Cecilia, Christina, Anastasia und Juliana. Zu Beginn des 14. Jh.s entstand in Ostfranken ein *Christophorus* (Fassung C) in 564 Versen, im 15. Jh. eine längere Fassung (A) von 1650 Versen, mit spielmännischem Humor durchtränkt, die sogar in etwas erweiterter Form nach 1520 gedruckt wurde. Neben kleinen Predigtmärlein und Mirakelerzählungen wie der *Mär vom zwölfjährigen Mönchlein*, das sich vor Sehnsucht nach dem süßen Jesusknaben verzehrt (Anfang 14. Jh.s) gibt es deutsche Verserzählungen, die zwischen Legende und Mirakelerzählung oder Exempel stehen. Ein Exempel war wohl zunächst die Vorform der *Siebenschläferlegende* (ca 1300, 935 Verse). Sie erzählt von sieben Jünglingen, die bei Kaiser Decius' Christenverfolgung 250 n. Chr. in eine Höhle bei Ephesos flüchteten, eingemauert werden und sterben. Sie erwachen aber 372 Jahre später wieder zum Leben und können in einer Zeit, in der man an der Auferstehungslehre zu zweifeln begann, die Auferstehung sichtbar erweisen. Der deutsche Text ist fast gänzlich dem *Väterbuch* entnommen. Schon Jacobus de Voragine hatte sie unter dem 27. Juli und dem Namen »Maximianus von Ephesus« in seine *»Legenda aurea«* (1270) eingefügt, ihre Wiedererstehung in das Jahr 448 zur Zeit des Kaisers Theodosius vorverlegt und damit begünstigt, daß sich aus dieser Geschichte ein volkstümlicher Heiligenkult entwickelte, besonders in der Bretagne und im bairisch-österreichischen Raum.

Als Mirakelgeschichte sind die elsässischen *Jakobsbrüder* des *Kunz Kistener* (ca 1365) gedacht. Es wird von zwei Pilgern auf der Fahrt zum Hl. Jakob nach Santiago in Compostela erzählt. Als sein Reisegefährte, ein bairischer Grafensohn Jakob, unterwegs stirbt, nimmt der arme schwäbische Ritter ihn weiter mit, versorgt ihn auch täglich mit Nahrung. Dieser feste Glaube wird dadurch belohnt, daß der Tote in Compostela wieder lebendig wird. Als der schwäbische Ritter nach seiner Rückkehr vom Aussatz befallen wird, verweist ihn ein Eremit an den von ihm geretteten Grafensohn; durch das Blut von dessen Kind könne er gesunden. Der bairische Grafensohn tötet sein neugeborenes Kind, um den Freund zu heilen, und auf Anruf und Fürbitte des Hl. Jakob läßt Gott das getötete Kind wieder lebendig werden. Das ist aus der *Amicus- und Amelius-Legende* übernommen, in der Gott dem Amicus, weil er einen Gotteskampf für den schuldigen Amelius ausfocht, mit Aussatz bestraft, aber, durch das Kinderopfer und die Freundestreue gerührt, die Kinder wieder erweckt, die Freunde aber in einem Kreuzzug als Märtyrer sterben läßt und durch Zusammenführung ihrer Sarkophage in Mortara ihre Erhebung zu Heiligen und ihren Kult bestätigt. Die Übernahme dieses Legendenmotives als Jakobusmirakel ist unmotiviert und zeigt, wie leichtfertig manchmal bei *Mirakeldichtungen* vorgegangen wurde.

Neben solchen Mirakelgeschichten und exempelhaften Legenden gibt es zu gleicher Zeit echte *Heiligenlegenden*, besonders von Märtyrern, deren Martyrium mit grausiger Realistik ausgemalt wird, z.B. bei *Margarete, Katharina, Barbara* und anderen. Die Datierung ist oft schwierig. Eine niederdeutsche *Katharina* (616 Verse) wird ca 1330 datiert, da sie die Quelle für die prosaische *Katharinenpredigt* des *Hermann von Fritzlar* bildet. In einer gereimten Georgslegende des 14. Jh.s (Berlin Ms. germ. quart. 478) steht erstmals der bis zum Hochmittelalter unbekannte Drachenkampf Georgs im Mittelpunkt, der das Bild des Ritterheiligen von nun an prägt, während das Passional (1300) nach dem Vorgang der Legenda aurea den Drachenkampf unorganisch in 400 von 1200 Versen der alten Georgslegende bloß vorausgestellt hatte.

Neu bearbeitet werden auch viele andere Legenden, *Alexius* ebenso wie die Legende von *Adelheid, Afra, Brigitta, Katharina* und *Thomas.* Der thüring. Jurist und Chronist *Johann Rothe* († 1434) faßte das Leben der *Hl. Elisabeth* im Anschluß an die Thüringische Weltchronik und widersprechende andere Quellen in neue Verse, und trotz des trockenen Berichtstiles zeigen zahlreiche Handschriften die Beliebtheit dieser Dichtung bei den Zeitgenossen.

Ein Zeichen der Zeit in ihrer Nüchternheit und Formverachtung ist die *Prosaauflösung* der Verslegenden, wie sie jetzt St. Oswalds Leben (ZfdA 13, S. 466–491), St. Alexius (Berlin Ms. germ. oct. 288), Crescentia (Altdt. Bll. I, 1856, S. 300 bis 308), Hartmanns Gregorius (ZfdA 5, 33 ff.) und Ebernands Heinrich und Kunegunde (ZfdA 16, S. 475 ff.) erfuhren. Das bedeutet nicht immer, daß diese Prosalegenden nur dem Stoffhunger Rechnung tragen. Die *Elsässische Legenda aurea* (vor 1362) gehört zu den wichtigsten Prosadenkmälern des Mittelalters und erzählt gewandt und fließend. Sie gehört noch im 2. Drittel des 15. Jh.s zu den Bestsellern, die Diebolt Laubers Buchschreibewerkstatt in Hagenau verbreitet, so daß noch heute 25 Handschriften nachweisbar sind. Im neu aufkommenden Buchdruck freilich lief ihr *Der Heiligen Leben* (Wenzel-Passional) den Rang ab.

Die Buchdrucker hatten zunächst liturgische und juristische Werke verlegt. Nach Übersättigung des Büchermarktes mit diesen Drucken bemühten sie sich mit volkstümlichen deutschen Drucken um Gewinnung eines größeren Leserkreises, wobei ihnen die Vervollkommnung und Verbreitung der Brille für Altersweitsichtige und Alterskurzsichtige zu Hilfe kam, da nunmehr die ältere Generation bei geeigneten Themen als Lesepublikum zu gewinnen war (vgl. *Gerhard Eis*, Vom Lesestein und der spätmittelalterlichen Literatur, Forschungen und Fortschritte 33, 1959, S. 278/283).

Die ursprünglich lateinisch geschriebene *Historie von den drei hl. Königen* des Marienauer Karmeliters *Johannes von Hildesheim* wurde bereits seit 1389 in deutscher Übersetzung verbreitet; seit 1477 wird sie mehrmals gedruckt. Der Legendenbereich war bei Geistlichen und Laien gleichermaßen beliebt. So nimmt sich die Druckkunst (besonders in Köln) dieses Themenkreises mit Eifer an. Bis 1520 wurden in deutschen Druckereien nicht weniger als 45 Passionale, 18 Altväterbücher und 125 Leben einzelner Heiliger gedruckt. Daß die nd. Sprache wieder größere Geltung bekam, zeigen zahlreiche niederdeutsche Legendendrucke.

*Literatur:*

»*Der Maget Krone*«: hrsg. *Ignaz von Zingerle*, Wiener Sitz.-berichte d. Akad. d. Wiss. Phil.-Hist. Kl. 47, 1864, S. 489–564; *Jan van Dam*, Verf. Lex. 5, 1955, Sp. 643. – *Christophorus C*: hrsg. *Hans-Friedrich Rosenfeld*, Der Hl. Christophorus, seine Verehrung u. Legende, 1937, S. 489–564. – »*Das zwölfjährige Mönchlein*«: hrsg. *Maurer=von Constant, 1842*; *Th. Kirchhofer*, Die Legende vom 12jähr. M., Diss. Schaffhausen 1866; *Ehrismann*, 2, 2, 2, 1935, S. 407 f.; *Kurt Ruh*, Verf. Lex. 5, 1955, Sp. 691 f.; *De Boor* 3, 1, 1962, S. 552 f. –»*Die Siebenschläfer*«: hrsg. *Th. G. V. Karajan*, 1839; hrsg. *K. Reissenberger*, Das Väterbuch,

1914, v. 38119–39034; *Karl Stackmann*, Verf. Lex. 4, 1953, Sp. 198–201; *Robert Schindler*, Die S., ihre Legende, ihr Kult, ihr Brauchtum, Ostbair. Grenzmarken 5, 1961, S. 195–199; *Wolfgang Braunfels*, Lexikon d. christl. Ikonographie Bd. 8, 1976, S. 344–348. – *»Die Jakobsbrüder des Kunz Kistener«:* hrsg. *Karl Euling*, 1899; *Ehrismann* 2, 2, 2, 1935, S. 409; Ruth Westermann, Verf. Lex. 2, 1936, Sp. 344–348; *Hellmut Rosenfeld*, Eine neuentdeckte Amicus- u. Amelius-Verslegende d. 13. Jh.s, PBB 90, 1968, S. 43–56; *Ders.*, Verf. Lex. ²1, 1978, Sp. 329f.

*»Hl. Katharina von Alexandrien«:* hrsg. *Siegfried Sudhof*, nach Cod. d. Altstädt. Kirchenbibl. in Bielefeld, 1959; *Ders.*, Die Legende d. Hl. K. v. A., Diss. Tüb. 1951. – *»Hl. Elisabeth des Johannes Rothe«:* hrsg. *J. B. Mencke*, Scriptores rer. Germ. et praecipue Saxon. 2, 1728, S. 2033ff.; *Ehrismann* 2, 2, 2, 1935, S. 460–462; *Hans Neumann*, Verf. Lex. 5, 1955, Sp. 995–1006.

*»Elsässische Legenda aurea«:* hrsg. *Ulla Williams/Werner Williams-Krapp*, Bd. 1, Normalcorpus, 1980; *Herbert Meyer*, Untersuchungen über d. elsäss. Übersetzung d. L. a., 1939; *Konrad Kunze*, Überlieferung u. Bestand d. els. L. a., ZfdA 99, 1970, S. 265–309.

*»Historie von d. Hl. drei Königen des Johannes von Hildesheim«:* hrsg. *Max Behland*, Die Dreikönigslegende, 1968; *Karl Menne*, Verf. Lex. 2, 1936, Sp. 598–601; *H. Kehrer*, Die hl. drei Könige in d. Legende u. in d. bildenden Kunst bis A. Dürer, 2 Bde, 1908/1909; *Karl Meisen*, Die hl. 3 K. u. ihr Festtag im volkstüml. Glauben u. Brauch, 1949.

## 6. Heiligenschauspiel und Mirakelspiel im Mittelalter

Das mittelalterliche Drama entwickelte sich aus der Liturgie der hohen Festtage. Das in der Liturgie gefeierte Geschehen wird durch andeutende Mimik und dann durch regelrechte mimische Darstellung und Rede vergegenwärtigt. So entstanden zunächst Oster-, Passions-, Weihnachts- und Dreikönigsspiel. Wenn sich aus einer Predigt Augustins als Weihnachtslektion das Prophetenspiel und aus der Jahresschlußlektion über das Jüngste Gericht das Spiel von den klugen und törichten Jungfrauen entwickeln konnte, so dürfte die Predigt an Gedenktagen der Heiligen Anlaß zu Heiligendramen und Mirakelspielen geboten haben, jedoch geschah dies erst im ausgehenden Mittelalter, als die Legenden längst volkstümlich geworden waren. Obwohl hierbei Legende oder Mirakel nur den Stoff liefert, kann man diese Spiele im weiteren Sinne zum Bereich der Legende zählen. Jedoch kommt ihnen in Deutschland nicht die Bedeutung zu wie in Frankreich, wo allein aus der Zeit von 1400–1510 nicht weniger als 34 nordfranzösische und 3 südfranzösische Heiligendramen erhalten sind und wo Marienmirakel besonders beliebt waren. Aus der Beliebtheit des *Hl. Nikolaus* als Schulpatron erklären sich die vielen Nikolaus-Mirakelspiele. Die französischen Beispiele haben ihre Parallele in einem deutschen Nikolausspiel (Einsiedeln, 12. Jh.), wo der Heilige drei ermordete Scholaren wiedererweckt. Ähnliche Mirakel finden sich in lat. Nikolausdramen. Ein Spiel von Mariä Himmelfahrt (Ende 13. Jh.), das lat. Gesänge und deutsche Sprechverse mischt, sind nur fragmentarisch erhalten. Belegt im Heiligendrama sind *Agnes, Alexius, Barbara, Dorothea, Georg, Johannes Baptista, Katharina, Magdalena.* Das Spiel von der *Hl. Katharina* und ihrer Marter (15. Jh.) hält sich eng an die Legende aurea. *Dorothea-Spiele* erfreuten sich, nach den Aufführungen in Bautzen, Eger, Zwickau und anderen Orten zu urteilen, besonders auf ostdeutschem Gebiete großer Beliebtheit.

Die im Mittelalter in vielen Fassungen verbreitete *Alexiuslegende* wurde ca 1460 zu einem *Alexiusspiel* verarbeitet, von dem aber nur 268 Verse in der Handschrift des rheinischen Osterspiels (hrsg. *H. Rueff*, 1925) erhalten blieben. Das *Oswaldspiel* wurde wohl 1480 auf Anregung des Pfarrers Johann Eberhard gedichtet, als dieser den Bau der St. Oswald-Kirche in der Stadt Zug/Schweiz betrieb, doch sind nur Bruchstücke erhalten. Da der Hl. Oswald später als Beschirmer Zugs gegen die Reformierten galt, wurde es auf 8000 Verse erweitert und am Schluß nun auch zahlreiche Oswaldmirakel gebracht.

Zu den beliebtesten *Marienmirakeln* gehört die Rettung des Teufelsbündlers Theophilus, der sogar aus der Hand Marias die Teufelpakt-Urkunde zurückerhält. Ein mittelniederdeutsches *Theophilusspiel* ist in drei Fassungen des 15. Jahrhunderts erhalten und geht vielleicht auf eine Vorlage des 14. Jahrhunderts zurück. Spektakulär ist die Geschichte der buhlerischen *Päpstin Johanna*, die durch die Chronik des Martin von Troppau (1277) weit verbreitet wurde. Demnach wäre auf Leo IV. 855 ein verkleidetes Mädchen als Papst Johannes Angelicus gefolgt, die bei einer Prozession in den Straßen Roms ein Kind zur Welt brachte. Da sie sich zuvor voll Reue an Maria gewandt und die öffentliche Schande freiwillig auf sich genommen hatte, konnte Maria ihre Seele vor dem Teufel retten. *Dietrich Schernberg* hat das 1480 zum »*Spiel von Frau Jutten*« verarbeitet und aufgeführt (jedoch hat sich der Text nur in einem Druck von 1560 erhalten), so daß jeder miterleben konnte, daß Maria auch aus schlimmster Lage heraushelfen kann.

Der Reliquienkult führte schon seit dem 4. Jahrhundert zur liturgischen Verehrung des wiedergefundenen Kreuzes Christi. Ein vielleicht in Südtirol entstandenes *Heiligkreuzspiel* (ca 1470, 1927 Verse) ist in einer Augsburger Handschrift erhalten (Text bei

*Ukena*). Die Handlung ist auf zwei Tage verteilt und zeigt zunächst die Schlacht zwischen Konstantin und Maxentius und die Kreuzauffindung durch die Hl. Helena, im 2. Teil den Kreuzraub durch Costras, Kaiser Eraklius' Sieg und die Kreuz-Aufrichtung. Die gleiche Augsburger Handschrift bringt ein Georgspiel (ca 1485, 1518 Verse, Text bei *Ukena*) eines sonst unbekannten *David Lub* (aus der Ausgburger Gegend) unter dem Titel »*Ain hüpsch Spil von Sant Jörigen und des Künigs von Libia Tochter*« (das aber nicht 1473 vor Kaiser Friedrich in Augsburg aufgeführt wurde, wie man früher annahm). Georg wird als Nothelfer und Personifikation des göttlichen Erbarmens gegeben, aber das volkstümliche Motiv des Drachenkampfes schiebt sich in den Vordergrund und wird ausführlich und derb dargestellt. Das leitet über zu den volkstümlichen *Drachenstichspielen* und dem Mitführen von Georg und dem Drachen bei Bittumgängen und Fronleichnamsprozessionen. In Furth am Wald erhielt sich die populäre Drachenstichdarstellung bis heute. In Bozen, wo Georg und der Drache beim Fronleichnamsumgang als Helfer gegen die Weinbauschädlinge mitgeführt wurde, hat das Volk trotz kaiserlichen Verbotes die Mitführung des Drachen für 1753 noch einmal erzwungen. Seitdem mußte sie unterbleiben.

Andrerseits hat das Volksschauspiel echte Märtyrerdarstellungen von *Barbara, Dorothea, Georg, Katharina, Magdalena, Sebastian* und anderen beibehalten und weiter genutzt, weil hier Gestalten der großen Welt ihrem Glauben nicht nur ihr Ansehen, sondern sogar ihr Leben opferten.

*Literatur zu Heiligenschauspiel und Mirakelspiel:*

*Wilhelm Creizenach*, Geschichte des neueren Dramas 1, ²1911, S. 125–160; 236–243; *Ehrismann* 2, 2, 2, 1935, S. 578–580; *Hans Moser/Raimund Zoder*, Dt. Volkstum in Volksschauspiel und Volkstanz, 1938; *Leopold Kretzenbacher*, Magdalenenlegende und Volksschauspiel, Schlernschriften 53, 1948, S. 219–236; *Theo Meier*, Die Gestalt Marias im geistl. Schauspiel d. dt. MA.s, 1959; *Eduard Hartl/Friederike Weber*, Das Drama des MA.s, *Wolfgang Stammler*, Dt. Philologie im Aufriß, ²2, 1960, Sp. 1949–1996; *Leopold Schmidt*, Mirakelspiele, LThK ²7, 1962, Sp. 435 f.; *David Brett-Evans*, Von Hrotsvit bis Folz u. Gengenbach, Geschichte des ma. dt. Dramas Bd. 2, 1975, S. 9–37; *Elke Ukena*, Die dt. Mirakelspiele des Spät-MA.s, Studien und Texte, 2 Bde, 1975 (ohne Trennung von Legende und Mirakel); *Rainer H. Schmidt*, Raum, Zeit u. Publikum der geistl. Spiele, 1975; *Rolf Bergmann*, Mittelalterl. geistl. Spiele, RL ²4, 1983, Sp. 64–100 bzw. 96–99; *Heinrich Biermann*, Augsburger (südbairisches) Heiligkreuzspiel, Verf. Lex. ²1, 1978, Sp. 528–530.

## 1. Die Legende zur Zeit von Humanismus und Reformation

Nicht Renaissance und Humanismus tragen die Schuld, wenn
das organische Wachstum der Legende ein Ende fand. Der frühe
Humanismus bekämpfte zwar die Schwächen der Kirche, suchte
aber die alte Ordnung durch strengere Moral zu stützen. Lebendige kirchliche Devotion ließ sich, wie Johann Heynlin vom Stein
in Basel zeigte, sehr gut mit humanistischer Durchformung des
Individuums und mit philologischem Geiste vereinen. *Sebastian
Brant* (1458–1521), der zu seinem Kreise gehörte, hat sich nicht nur
als Moralist und Satiriker mit dem »Narrenschiff« (1494) einen
Namen gemacht, sondern auch in durchaus altkirchlichem Sinne
lateinische Gedichte auf Maria, Sebastian, Onofrius, Ivo und
andere Heilige verfaßt (1494). *Jakob Wimpfeling* (1450–1528) dichtete einen Hymnus *De triplici candore Mariae* (1492). *Johann
Cuspinianus* (1473–1529) wurde für ein Gedicht auf den *Hl. Leopold* von Kaiser Maximilian zum Dichter gekrönt. *Hieronymus
Gebwiler* († 1545) verfaßte eine Historie von der Hl. Ottilie, und
dem *Nikodemus Frischlin* konnte die von *Andreas Schönwald*
verfaßte dt. Legende *St. Christoffel* (1491) zugeschrieben werden.
Erst *Paracelsus* (1493–1541) steht als Angehöriger einer jüngeren
Generation der Anbetung der Heiligen ablehnend gegenüber, billigt aber (»De venerandis sanctis«) die Legenden als Vorbilder
frommen Lebenswandels. Wenn die Legende jetzt zurückgedrängt
wird, so ist dafür nicht der Humanismus die Ursache, sondern die
Reformation, genauer gesagt die theologische Stellung *Martin
Luthers* (1483–1546) zum Heiligenkult, die sich auf die Legende
auswirkte und bei dem Einfluß Luthers auf die öffentliche Meinung
nicht ohne Wirkung auf seine Gegner bleiben konnte.

Aus Gründen der Seelsorge und im Sinne seiner Gnadenlehre
mußte *Luther* die Heiligenfürbitte ablehnen (Predigten, 1516). In
der »Epistel oder Unterricht von den Heiligen an die Kirche zu
Erfurt« (1522) und im »Koburger Sendbrief vom Dolmetschen und
Fürbitte der Heiligen« (1530) erklärt er maßvoll die Heiligenfürbitte als zwecklos, während er die Legende (z.B. der Christophoruslegende) durch allegorische Auslegung einen tieferen Sinn abzu-
gewinnen sucht (Tischreden, Weimarer Ausg. 6, 1921, Nr. 6990).
Für Luther bleibt die Legende anfangs »ein schön christlich
Gedichte«. Der 21. Artikel der *Augsburger Konfession von 1530*

lehnt die Anrufung der Heiligen um Hilfe als unbiblisch ab, da Christus der alleinige Versöhner sei, aber billigt das Heiligengedenken im Gottesdienst. *Philipp Melanchthon* nennt , sicher mit Einwilligung Luthers, in seiner »Apologie der Augsburger Konfession« 1531 als zuzubilligende »honores« der Heiligen die Danksagung an Gott, daß er in den Heiligen Exempel seiner Gnade und Lehrer gegeben habe, die Lobpreisung der Heiligen selbst und die Nachahmung ihres Glaubens und ihrer Tugenden, mißbilligt nur ihre Anrufung als Mittler, die Verwendung ihrer Verdienste in Form des Ablasses als Sündensatisfaktion, die Verehrung ihrer Bilder und Reliquien. Damit blieb der lutherischen Kirche eine gemäßigte Heiligenverehrung und auch die Verwendung der Legende, während *Ulrich Zwingli* (1484–1531) und *Johann Calvin* (1509–1564) sich der Legende gegenüber ablehnender verhielten. Der späte *Luther* hat dann infolge der Zuspitzung der konfessionellen Gegensätze und stärkerer Hervorkehrung des Rationalismus die Legende bekämpft. Er nennt sie jetzt im Hinblick auf die Wundersucht mancher Legenden schlechthin »Lügende« und hält dem Konzil zu Mantua 1537 die Abgötterei, närrische Fabel und Lüge der von ihm mit satirischer Übertreibung wiedergegebenen *»Lügend von St. Johanne Chrysostemo«* vor Augen.

Diese Zuspitzung der konfessionellen Gegensätze und Polemik verhinderte es, die dichterische Wurzel und den inneren Kern der Legende zu würdigen, und vielleicht war dies einer Zeit, die so sehr um die Wahrheitsfrage rang, auch gar nicht möglich. Deshalb wird die Legende nicht nur im protestantischen Lager gemieden, sondern seit 1521 meist auch auf katholischer Seite. Wo sie aufgegriffen wird, geschieht es in aufklärerischem Sinne unter natürlicher Erklärung der Wunder oder als harmloses, beinahe schwankhaftes Exempel oder aber als Satire.

Zu ersterer Gruppe gehört *Hans Sachs'* (1494–1576) ernsthaftes Legendengedicht *Pura die junckfraw und heylig martrerin* (1555), zur zweiten Sachs' *Gespräch zwischen St. Peter und dem Herren* (1553), *St. Peter mit den Landsknechten* (1556), *St. Peter mit dem faulen Bauernknecht* (1556), *St. Peter mit der Geiss* (1557), beliebte Zeugen seines biederen Humors. Von *Johann Fischart* (1546–1590) stammt *Von St. Dominici des Predigermönchs und St. Francisci Barfüssers artlich Leben* (1571), ein burleskes Heldengedicht, das sich ironisch und polemisch gegen die Mönchsorden richtet und die Legenden ins Lächerliche zieht. Satirisch ist auch *Philipp Marnix' Byenkorf de Roomsche kerke*, dessen deutsche Übersetzung »Bienenkorb« (1576 u. ö.) fälschlicherweise Fischart zugeschrieben wurde.

Um auch nichtbiblische Heilige zur Exemplifizierung eines heiligmäßigen Lebens benutzen oder sich ansprechender Legenden zu allegorischer Ausdeutung bedienen zu können, bedurfte es neuer Sammlungen, wobei besonders Heilige wie Antonius Eremita, Apollonia, Blasius, Dorothea, Georg, Laurentius, Magdalena, Martin und Nikolaus in Frage kamen. So hat *Hermann Bonnus* (1504–1548), Lübecker Superintendent, 1539 seinen Oktavband »*Farrago praecipuorum exemplorum de apostolis, martyribus, episcopis et sanctis patribus veteris ecclesiae, utilis et necessaria praedicatoribus*« veröffentlicht. *Georg Major* (1502–1524), Wittenberger Schloßprediger und Professor, verfaßte 1544 »*Vitae patrum in usum ministrorum verbi*«, denen bei Neuauflagen seit 1559 und auch bei der deutschen Übersetzung 1604 *Bonnus'* »*Farrago*« zugefügt wurde.

## 2. Heilige und Märtyrer zur Zeit der Gegenreformation und des Barock

Die Angriffe der Reformatoren nötigten die katholische Kirche zur inneren Reformierung, die im Tridentiner Konzil (1545–1563) ihren äußeren Ausdruck fand. Das führte zu neuem geistigen Leben und Wiederaufleben eines aktiven Glaubens. Mit dieser sog. Gegenreformation eroberte sich die Legende im katholischen Bereich wieder Geltung und Recht. Dies rief die protestantischen und rationalistischen Gegner auf den Plan. Sie stellten wie schon Luther in seiner letzten Phase die Legendenwunder und insbesondere die Mirakelerzählungen als papistische Lügen hin, so z.B. *Hieronymus Rauscher* in seinen »400 auserwählte große feiste wolgemeste erstunkene papistische Lügen« (1562/64, Neudruck 1614) und *Caspar Finckius* »200 auserlesene alte verlogene papistische Unwahrheiten« (1604; Neudrucke 1617, 1618). Demgegenüber stellten die Katholiken die Märtyrerlegenden heraus, die auch Luther »am wenigsten verdächtig« erschienen (Tischreden, Weim. Ausg. 3, 1914, Nr. 3653). Die Märtyrer werden als Heroen des Christentums gefeiert. Die Ausmalung der Martern fügt sich dem Bestreben der Barockkunst, durch sinnliche Reize zu übersinnlichen Eindrücken vorzudringen. Freilich sind es jetzt Prosalegenden, und sie sind nicht mehr Sache der hohen Literatur, sondern sinken zur Gebrauchsliteratur herab und werden ein Bestandteil der Predigt. So entstehen jetzt sowohl auf lutherischer wie auf katholischer Seite Legendensammlungen und zwar nicht nur in lateinischer Sprache, sondern auch in Deutsch zu andächtiger Lektüre.

Auf katholischer Seite sind die lateinischen und deutschen Predigtzyklen zu nennen, die in ihrem für die Festtage bestimmten zweiten Teil die

Heiligenfest behandeln *(Sermones de Sanctis).* Um den historischen Kirchenkalendern von protestantischer Seite zu begegnen, veröffentlicht *Adam Walasser* unter dem Namen des weitberühmten und später selig gesprochenen *Petrus Canisius* (1521–1597) ein »*Martyrologium, der Kirchenkalender, darinnen angezeigt werden die christlichen Fest und Heiligen Gottes*« 1562. Von den Kölner Jesuiten wurde der Karthäuser *Laurentius Surius* (1522–1578) zur Legendenbearbeitung gewonnen, die als *»De probatis sanctorum historiis«* 1570–1575 in sechs Bänden erschien und zum Standardwerk der Gegenreformation wurde. Ihm folgte *Johann a Via* mit der Übersetzung »*Bewerte Historien der lieben Heiligen Gottes Laurentii Surii verteutscht*«, 6 Bde, 1574–1579 und *Henricus Fabricius* »*Auszug bewerter Historien der fürnemsten Heiligen Gottes aus den 6 Tomis des Laurentius Surii*« (1583, 1592, 1599, 1613, 1625). *Bartolomaeus Wagner* verfaßte »*Aureola martyrum, Märtyrer-Kränzlein*« (1587, 1591, 1599) und »*Catholische Beschreibung der St. Ulrich-Märlin*« (1589), *Valentin Leucht* »*Vitae sanctorum, Leben und Leiden der fürnembsten Heiligen Gottes*« (1593), *Georg Maigret* »*Martyrographia Augustiniana*« aus dem Lateinischen übersetzt von *Theodor Degen* (1628), »*Römisches Martyrologium, verteutscht*« durch *Conrad Vetter* (1670, 1707, 1735, 1753, 1801).

Von protestantischer Seite gibt es ebenfalls zahlreiche Werke über Märtyrer und Heilige. *Andreas Hondorf,* einer der erfolgreichsten Universalkompilatoren der Zeit, verfaßte ein »*Promptuarium exemplorum*« 1577 und ein »*Calendarium historicum oder der heiligen Marterer-Historien*« (8 Teile, 1575, 1580, 1587, 1589, 1600), der damalige Straßburger Prediger *Ludwig Rabus* (1524–1592) »*Der heiligen auserwählten Gotteszeugen, Bekenner und Märtyrer wahrhafte Historien*« (8 Teile, 1552–1558, die einzelnen Bände öfter nachgedruckt). *Rabus* war auch der erste lutherische Kompilator der Bekenner- und Märtyrerviten der Reformation, die er vom 2. Teil an in sein Werk einbezog. Das bei weitem erfolgreichste Märtyrerbuch und Grundstock der populären protestantisch-reformierten Märtyrerliteratur überhaupt ist »*Le livre des Martyrs*« des Genfer *Jean Crespin* (1500–1572), das 1554 erstmals erschien und die Märtyrer seit dem Tod Christi bis auf Johann Hus († 1415) und bis 1554 bringt. Aus ihm schöpfte *Christoph Rab* (1559–1626) mit seinem »*Martyrbuch, aus den großen französischen Actis martyrum verteutscht*« (1582, 1591, 1595, 1597, erweitert 1597 in Basel und 5 weitere Auflagen), sowie der Calvinist *Paulus Crocius* (1551–1607) mit »*Gross Martyrbuch und Kirchenhistorien, darinnen . . . viele heylige Märtyrer . . . welche bis 1597 . . . verfolget, gemartert und hingerichtet worden*« (1606, 1617, 1682, 1722). Die Fülle dieser protestantischen Glaubenszeugenliteratur ist 1974 von *Wolfgang Brückner* in Zusammenarbeit mit anderen Forschern ausgebreitet und analysiert worden.


*Literatur:*

*Wolfgang Brückner,* (Hrsg.), Volkserzählung und Reformation, ein Handbuch zur Tradierung und Funktion von Erzählstoffen und Erzählliteratur im Protestantismus, 1974; insbesondere *Wolfgang Brückner,* Zeugen des Glaubens u. ihre Literatur, Altväterbeispiele, Kalenderheilige, protestantische Martyrer und evangelische Lebenszeugen, ebda, S. 521–578.

Die neubelebte Märtyrerverehrung war aber nicht nur auf die Predigt angewiesen. Auf der *Bühne des Jesuitentheaters* fand sie eine sinnenfreudige und künstlerische Widerspiegelung. Das neulateinische Jesuitendrama feiert die Märtyrer als Vorbild christlicher Standhaftigkeit, frommen Heroismus' und religiöser Ekstase, und auch wer die lateinische Sprache nicht verstand und sich mit der Zusammenfassung in den deutschen Programmen begnügen mußte, wird sich dem Eindruck dieser Aufführungen nicht haben entziehen können. Deutsche Dichter wie *Andreas Gryphius* (»*Catharina von Georgien*«, 1657) und *Christian Hallmann* (»*Sophia*«, 1671) folgten dem gegebenen Beispiel. Dem großen Eindruck solcher Märtyrerdramen ist es wohl zu danken, wenn in seinem Handlungsablauf und in der Charakterisierung seiner Helden und Gegenspieler sogar der heroisch-galante Roman der Zeit als Spiegelung der Märtyrerlegende bezeichnet werden konnte.

Wenn die Legendensammlungen im allgemeinen zur Gebrauchsliteratur für den Prediger herabgesunken waren, so gab es doch immer wieder Prediger, die die Legende wieder zu literarischem Rang erhoben. Dabei ist weniger an den Wiener Volksprediger *Abraham a Santa Clara* zu denken, der seine Predigten mit Geschichten verschiedenster Art zu würzen wußte, als an seinen Zeitgenossen, den Kapuzinermönch *Martin von Cochem* (1633–1712). In seinem »*Auserlesenen History-Buch*« (1687) kommen neben weltlichen Geschichten auch die Legende und Heiligenmirakel unmittelbar zu Wort. Vollständige Legendensammlungen bot er mit seiner »Verbesserten Legende der Heiligen« (1705, 1724, 1726) und »*Neuen Legende der Heiligen nach Ordnung des Kalenders*« (1708, 1717, 1740, 1764). Seine *Genoveva, Hilander, Griseldis* fanden auch einzeln als Volksbuch Verbreitung und wurden für katholische wie für evangelische Leserkreise gleichermaßen zum geistigen Besitztum. An keine Konfession mehr gebunden in ihrer Volksgeltung sind auch die strophischen Volksballaden, die aus Mirakelerzählungen und besonders *Marienmirakeln* erwuchsen (Erck-Böhme: »Dt. Liederhort« 3, S. 733–825).

*Literatur:*

*Paul Merker, Studien z. nhd. Legendendichtung, 1906;* Willy Flemming, *Das Ordensdrama, 1930;* Ders., *Jesuiten, RL ²1, 1958, S. 762–766;* Franz Weissker, *Der heroisch-galante Roman und die Märtyrerlegende, Diss. Leipzig 1943;* Anselm Schmitt, *Die dt. Heiligenlegende von M. von*

*Cochem bis Alban Stolz, Diss.* Freiburg 1932; De Boor ³5, 1960,
S.420–422 (M. v. Cochem).

### 3. Die Aufklärungszeit und die Legende

Die Aufklärung huldigte der Überzeugung, daß alles auf ver-
nünftige Weise erklärbar sei, und setzte im Extremfalle an die Stelle
der Offenbarungsreligion eine natürliche Religion, an die Stelle
einer im Jenseits zu erwartenden Seligkeit ein diesseitiges Glück.
Bei solchen Auffassungen und Theorien mußte der intellektuellen
Oberschicht das Verständnis und die Aufnahmebereitschaft für die
Legende schwinden, während die konservative Unterschicht und
lange Zeit auch das Jesuitentheater für Bewahrung der Legendenstoffe sorgten. Einer Zeit, die, wie z. B. das Regime Montgelas in
Bayern, gegen Orden-, Kloster- und Mönchswesen nicht nur,
sondern auch gegen die als blamierend empfundenen Volksbräuche
mit Polizeigewalt vorging, konnte die Legende nur als abge-
schmackt und abergläubisch erscheinen. Dementsprechend bezeichnet *Gotthold Ephraim Lessing* (1729–1781) in einer Rezension
von Baillets »Abhandlung von den Geschichten der Märtyrer und
Heiligen« (Berlin. privileg. Zeitg. 16. 8. 1753) die meisten derselben als »so voller Aberglaubens und abgeschmackter Wunder, daß
sie bei Verständigen nicht nur Ekel, sondern auch Verdacht gegen
die wenigen glaubwürdigen Erzählungen erwecken« (Sämtl. Schr.,
hrsg. Lachmann [Muncker] 5 [1890], S. 191 f.), und im 1. Stück
der »Hamburgischen Dramaturgie« (1767) glaubte er vor der Kon-
zeption christlicher Trauerspiele warnen zu sollen, deren Stoffe
»uns höchstens eine melancholische Träne über die Blindheit und
den Unsinn auspressen, deren wir die Menschheit in ihnen fähig
erblicken«. Von den Historikern *Christoph M. Meiners*
(1747–1810), *Georg Michael Frank von Lichtenfels-La Roche* († 
1788), und *Johann Georg Zimmermann* (1728 bis 1795), *Moritz
August von Thümmel* (1738–1817) und anderen Aufklärern liegen
ähnlich absprechende Urteile über religiöse Sagen und Heiligenge-
schichten vor. So kann es nicht wundernehmen, wenn die Dichtung, soweit sie sich solchen Stoffen überhaupt zuwandte, dies nur
in satirischer Absicht tat.

Am deutlichsten spricht sich der Geist der Aufklärung in direkten
satirischen Angriffen gegen diesen ganzen Motivkreis aus. *Christoph Martin Wieland* (1733–1813) brachte in seinem *Teutschen Merkur* 1777 die
Übersetzung einiger humoristischer Legenden des Jesuiten Angelinus
Gazay. An gleicher Stelle machte er 1784 in den *Anekdoten vom Hl. Martin*
den Reliquienkult lächerlich und parodierte in gleichen Jahr die Legenden-

gattung in seiner Verserzählung *Clelia und Sinibald*. *Johann Karl Musaeus* (1735–1787) deutete in seinen *Volksmärchen der Deutschen* (1782 ff.) das Rosenmärchen der Hl. Elisabeth banal aus. In einer 1784 in Salzburg anonym erschienenen *Neuen Legende der Heiligen, nach einem hinterlassenen Manuskript des Voltaire* wird die Befreiung von »Roms fabrizierten Heiligen, die nach der Legende selbst größtenteils Schurken und Narren gewesen«, als Ziel angegeben. Bei den anschließenden 21 prosaischen Heiligenleben sucht der Verfasser überall die übernatürlichen Vorgänge als Lüge oder Ausfluß der Einbildung hinzustellen oder rationalistisch zu erklären. *Heinrich Gottfried Bretschneider* (1739–1810), Verfasser einer Werthertravestie, gab in einem anonym erschienenen *Almanach der Heiligen auf das Jahr 1789* Spottlieder auf verschiedene Heilige und eine obszöne Geschichte von der Haut des Hl. Dorotheus in einem Nonnenkloster. Dieselben Zwecke verfolgen andere satirisch-parodistische Werke wie die *Chronik der Heiligen* (1787), *Kordon der Heiligen um den Bettelsack* (1790) oder *Satirische Biographie der Altväter und Apostel* (1790).

Der echten Legende am nächsten kommen noch die meist unstrophischen *Verslegenden*, wenn sie auch oft im ironisch-witzelnden Ton, in der aufklärerischen Haltung oder in übertrieben vulgären Wendungen den im Grunde ungläubigen Erzähler nicht verleugnen. Solche Verslegenden sind etwa *August Friedrich Ernst Langbein* (1757–1835) *Der Kapaun*, ein regelrechtes Antoniusmirakel, und *Der hl. Jodokus und die vier Bettler*. *Gottfried August Bürger* (1747–1794) erzählt im *St. Stephan* (1789) in Balladenform, aber ohne Ironie den Tod dieses Märtyrers. Ein Marienmirakel berichtete *Das Wunderbild* der *Anna Luise Karschin* (1722 bis 1791), während *Christian Friedrich Daniel Schubart* (1739–1791) im 8. Stück der »Oberrhein. Mannigfaltigkeiten« 1783 *Das wunderthätige Kruzifix* veröffentlichte, eine Verbindung von Mirakelerzählung und Schauerballade.

### 4. *»Sturm und Drang« und Klassik in ihrer Haltung zur Legende*

Mit der Sturm-und-Drang-Generation kommt ein neuer Impuls in die Dichtung. Aber bei aller Kampfeinstellung gegen die Aufklärung konnte der Sturm und Drang in seinem Tatmenschenideal und Kraftkultus sich mit der Passivität und Selbstkasteiung der Heiligen und mit der Heiligenlegende keineswegs befreunden. Die wachsende Neigung für volkstümliche Kultur, die gerechtere Einschätzung der mittelalterlichen Vergangenheit und vor allem die Offenheit für soziale Probleme bahnten jedoch ein besseres Verständnis für die Welt der Legende an. Daraus entwickelt sich zur Klassik hin eine ethische Wertung der Legende. Das beginnt mit *Möser* und *Herder*.

*Justus Möser* (1720–1794) erklärt für »eine der größten und feinsten Ideen, daß Menschen, die ihre Tage in stiller Ausübung aller Tugenden zugebracht haben, nach ihrem Tode von dem Oberhaupte der Kirchen heilig und selig gesprochen werden«. »Nichts könnte wirklich einem Staate vorteilhafter sein als die Lebensbeschreibung solcher Heiligen, wann sie von einer geschickten Hand verfertiget und solchergestalt den Frommen und Redlichen im Lande als Muster zur Nachahmung vorgelegt würden« (Sämtl. W. 4, 1943, S. 297). Es handelt sich also darum, »die Tugend in Mustern vorzustellen«, und zwar möglichst nicht »auf Kosten des Wahrscheinlichen«. Er selbst gab 1777 einer Exempelerzählung »Der erste Jahreswechsel« (Sämtl. W. 6, 1949, 132–135) den Untertitel »Legende«: Adam und Eva lernen am ersten Wechsel der Jahreszeiten von Sommer und Winter, im Sommer für den Winter vorzusorgen und in der Zeit für die Ewigkeit; eine besinnliche Geschichte mit ethischem Tenor!

Für *Johann Gottfried Herder* (1744–1803) mußte die verachtete Gattung der Legende als religiöse Dichtung Anziehungskraft haben. Schon seit 1778 beschäftigte er sich mit der Legende. In der 6. Sammlung der *Zerstreuten Blätter* (1797) veröffentlichte er eine Anzahl von ihm verfaßter Verslegenden (Sämtl. W., hrsg. B. Suphan, Bd 28, S. 172–229), begleitet von einer Abhandlung *Über die Legende* (Sämtl. W. 16, S. 387–398). Im 3. und 6. Stück der *Adrastea* (1801) folgten weitere vier Legenden (Sämtl. W. 28, S. 231–242). Für Herder sind die Legenden einerseits kulturhistorische Dokumente, die einer für Volkstum und ma. Kultur aufgeschlossenen Zeit wertvoll werden mußten; andererseits sieht er in ihnen ein Mittel zu moralisch-ethischer Belehrung. So schreibt Herder denn auch statt Viten verehrungswürdiger Heiliger lediglich anekdotenhafte geistliche Fabeln und Exempel frommen moralischen Handelns, denen jede Legendenstimmung fehlt. Die Beschneidung aller übersinnlichen Züge zugunsten rationaler Umdeutung und moralischer Tendenz zerstört die warme, naiv-gläubige Stimmung seiner Vorbilder, so daß *Friedrich Schiller* in seiner Rezension von Goethes »Hufeisenlegende« 1798 sagen konnte: »Herder verfehlte den eigentümlichen Ton, strebte nach schwermütiger Empfindsamkeit und vergaß, daß eine gutmütige Naivität der wahre Charakter der Legende ist.« Trotzdem war die literarische Wirkung positiv.

Auch ohne Herder hätte wohl *Johann Wolfgang Goethe* (1749–1832) den Zugang zur Legende gefunden. So sehr er Frömmelei, Askese und verzückte Schwärmerei ablehnte, so wenig darf man den religiösen Grundzug in seinem Leben und Dichten verkennen. Sah er doch als »eigentliches, einziges und tiefstes Thema der Weltgeschichte den Konflikt des Unglaubens und des Glaubens«, und er fügte hinzu: »Alle Epochen, in welchen der Glaube herrscht, sind glänzend, herzerhebend und fruchtbar für Mitwelt und Nachwelt« (»Israel in der Wüste«, 1797, »Noten und Abhandlungen zum Westöstl. Diwan«, 1819; Jub.-Ausg. Bd 5, S. 248). Von hier aus war für ihn ein Zugang zur Welt des Mittelalters und der Legende gegeben.

Schon 1776 veranlaßte er Wieland zur Aufnahme von *Hans Sachs'* Spruchgedicht »St. Peter mit der Geiß« in den ›Teutschen Merkur‹. Zwei

Jahre später verfaßte er selbst ein 15zeiliges, *Legende* betiteltes Gedicht, das freilich noch ganz im ironischen Stil der komischen Romanze gehalten ist und das Zusammentreffen des Hl. Chrysostomus mit einem Zentaur schildert. Wie tief der Eindruck war, den die Alexiuslegende bei der zweiten Schweizer Reise (1779) auf ihn machte, zeigt die eingehende Wiedergabe dieser Legende in den *Briefen aus der Schweiz* (1799, Jub.-Ausg. 25, S. 186–189). Für das 28. Stück des ›Tiefurter Journals‹ (1782) steuerte er ein 30strophiges Mirakelvolkslied *Ein christlicher Roman* bei, das er einer alten Frau in Öttern bei Belvedere abgelauscht hatte (Schr. d. Goethe-Ges. 7, 1892, S. 217 bis 220). Während der italienischen Reise machte die Legende des florentinischen Mönches Philipp Neri großen Eindruck auf Goethe, Die Beschäftigung mit diesen Heiligen fand in einem eigenen Aufsatz ihren Niederschlag (Jub.-Ausg. 27, S. 36–52).

Am reinsten tritt die Legende in Goethes *Legende vom Hufeisen* hervor (1798). Der Stoff kam ihm möglicherweise durch eine Volkserzählung zu (Goethe-Jb. 19, 1898, S. 307f.; 21, 1900, S. 257–262). Der Ton lehnt sich an Sachs' Petruslegenden an. Die elsäss. Hl. Ottilie, deren Heiligtum und Geschichte schon der Straßburger Student 1770 kennen gelernt hatte (»Dichtung und Wahrheit«, 11. Buch; Jub.-Ausg. 24, S. 61) gibt 1808 die Grundlage für die legendären Züge der Ottiliengestalt am Schluß der *Wahlverwandtschaften* (1809). Die Rheinreisen 1814, 1815 und 1816 bringen ihn in enge Fühlung mit der volkstümlich-katholischen Tradition und durch die Gemäldesammlung der Brüder Boisserée auch mit der von der Legende durchflochtenen mittelalterlichen Kunst. Im Anschluß an das *St. Rochusfest* in Bingen, an dem er am 16. August 1814 teilnahm, entsteht die Schilderung des Volksfestes und eine schöne Wiedergabe der Rochuslegende (Jub.-Ausg. 29, S. 207ff.). Der gleichzeitige Versuch, in der Zeitschrift *Über Kunst und Altertum* den welthistorischen Sinn der Legende von St. Ursula und St. Gereon zu ergründen (Jub.-Ausg. 29, S. 309f.), ist freilich weniger geglückt. Jedoch widmete der Alternde der Dreikönigslegende 1820–1822 mehrere Aufsätze (Jub.-Ausg. 37, S. 134f) und empfahl 1822 Gustav Schwabs Neudichtung dieser Legende in 12 Romanzen (vgl. auch Anselm Schmitt: Goethe und die Heiligenlegende, Gral 26, 1932, S. 500–503).

Neben Herder und Goethe seien in dieser Hinneigung zur Legende in ihrer Zeit ferner genannt: *Johannes Falk* (1768–1826), der Vertraute Goethes, schrieb im Anschluß an eine thüringische Volkssage ein Reimspiel *Unser Herr und der Schmidt von Apolda* (Auserl. W. 3, 1819, S. 81–156), eine dialogisierte Verslegende im Hans-Sachs-Stil, wenngleich mit klassizistisch-pathetischem Schluß. Eine Wiedergabe der Legende von St. Martin flicht Falk in das erste seiner 13 *Doctor Martin Luther* gewidmeten Volkslieder ein (Auserl. W. 1, 1819, S. 507f.). *Amalie von Helvig* (1776–1831), Hofdame in Weimar, verfaßte nach ihrer Berührung mit der Romantik eine ganze Reihe von Mirakel- und Legendengedichten (*Das Gebet der Scholastika, St. Georg und die Witwe, Die Rückkehr der Pförtnerin* u.a.), veröffentlicht in dem von ihr und Fouqué herausgegebenen »Taschenbuch der Sagen und Legenden« (1812–1817). Vor allem aber war es ein Schüler und Freund Herders, der Greifswalder Professor *Gotthart Ludwig Theobul*

*Kosegarten* (1758–1828), der »abgestoßen von einer herzlosen Gegenwart« sich neben klassizistischen Idyllen und Elegien um die echte Legende bemühte, »in eine kindliche Vergangenheit flüchtend, wo der Glaube Berge versetzte«: im 1. Buche seiner *Legenden* (1804) stehen Verslegenden im Hexametern und anderen Metren, die mit ihren holprigen, manchmal in klassizistischem Pathos endenden Versen Kosegartens Sammlung in unverdienten Verruf gebracht haben; die Prosalegenden des 2.–4. Buches aber schöpfen aus der »Legenda aurea«, den »Vitae Patrum«, ma. Kirchenvätern, Lektionarien und Passionalen und bemühen sich ernsthaft um eine Wiedererweckung der echten ma. Legende.

*Literatur:*

*Paul Merker* und *Anselm Schmitt* bei Kapitel V, 2.


## 5. Legendendichtung der Romantik

Das Leben in Beziehung zum Unendlichen als Schweben zwischen selbstverschuldeter Heimatlosigkeit und dem Ahnen einer Wiedereinkehr in eine künftige Heimat verstanden, ist Grundzug der Romantik. Sehnsucht nach dem Tode und dem unendlichen Leben jenseits der Endlichkeit mußte in den Heiligen, aber auch in den geistlichen Ritterorden, Mönchs- und Nonnenorden Vorbilder des eigenen Sehnens und in der mittelalterlichen auf Gott zugeordneten Frömmigkeit eine Bestätigung der eignen religiösen Weltanschauung sehen. Damit rückt auch die Legende wieder stärker in den Vordergrund. Neben die antike Götterwelt und ihre Sagen tritt jetzt gleichberechtigt eine ma. legendarische Mythologie oder, wie *Wilhelm Waiblinger* (1804–1830) es später in einem Epigramm ironisierte: »Lug und Trug war alles, nun ist die Wahrheit erschienen: statt dem Mythos regiert jetzt die Legende die Welt.« Für *Novalis* (Friedr. von Hardenberg, 1772–1801) sind Legenden und Evangelien dasselbe (Schriften, hrsg. Ernst Heilborn 2, 1, S. 340), in der Legende sieht er den eigentlichen Stoff der Predigt (2, 1, S. 336). *Ludwig Tieck* (1773–1853) läßt im *Aufruhr in den Cevennen* durch Legenden mit ihrem »Geist der Hingebung in den geheimnisvollen Willen des Höchsten« und ihrer »Selbstvernichtung in inbrünstiger Liebe zu Christus« die »trunkene Begeisterung« des religiösen Aufstandes nähren. Welche Rolle die Lektüre alter Legenden für die Romantiker spielte, sehen wir bei *Achim von Arnim* (1781–1831; *Halle und Jerusalem*, *Päpstin Johanna*), in den Selbstzeugnissen *Clemens Brentanos* (1778–1842), *Dorothea Schlegels* (1763–1839) und des Historikers *Friedrich Böhmer*. *Friedrich Schlegel* (1772 bis 1829) wirbt für sein *Deutsches Museum* (1812) eifrig um Legenden, da diese hier »auf die rechten Leute kommen würden« (an Sulpiz Boisserée, 23. 3. 1812), und 1820 legt er in der *Concordia* (Heft 4/5) einen Entwurf einer neuen christlichen Legendensammlung vor. Er sieht in den Legenden »die Stimmung und Weltansicht mehrerer Jahrhunderte ausgedrückt« und rühmt sie als echt poetische Erzählungen.

Die Einheit von Kunst und Religion (*Wilhelm Heinrich Wackenroders Herzensergießungen eines kunstliebenden Klosterbruders*, 1797) fanden die Romantiker in der Malerei des Mittelalters und der Renaissance verwirklicht. Um die stumme Sprache der Bilder zu verdeutlichen, gaben sie in Prosa und in Versen Gemäldebeschreibungen, die sich bei Heiligenbildern der Legende nähern (vgl. Hellmut Rosenfeld »Das Dt. Bildgedicht«, 1935, S. 125–170). Ähnlich wie hier Motive der Legende in die Form des Bildgedichtes eingehen, geschieht das z. T. auch durch Ingredenzien des Stiles bei Novalis, Tieck, Wackenroder, E. T. A. Hoffmann (1776–1822) in deren Dichtungen.

Während die eigentliche Legendendichtung der Romantik in epischer, dramatischer und lyrischer Form stärker die Hinneigung zur Welt des Katholizismus und zur Verherrlichung der gläubig und sehnsüchtig verehrten Heiligen zeigt, fanden die ausgesprochen protestantischen Freiheitssänger in der Legende Glaubenskraft, Opferfreudigkeit und Rückerinnerung an weniger notvolle Zeiten. Neben die epischen und dramatischen Gestaltungen der älteren Romantik stellt die jüngere Romantik vor allem Legenden- und Mirakellieder, die schwäbische Romantik balladenartige Dichtungen.

*Epische* Lebensbilder: *August Wilhelm Schlegel* (1767–1845) *St. Lukas* (Sämtl. W. 1, 215); *Friedr. Schlegel St. Reinold* (Sämtl. W. 10, S. 101) und die legendären Episoden in seinen *Rolandromanzen* (Sämtl. W. 9, S. 17, 35, 74); *Achim von Arnim* Der Markobrunnen (Sämtl. W. 19, S. 83) und *Christuslegende* (Sämtl. W. 16, S. 370); *Clemens Brentano* (1778–1842) *Legende von der hl. Marina* (1838) (Ges. Schr. 1, S. 191). Dagegen sind Brentanos Aufzeichnungen über Leben und Visionen der stigmatisierten Nonne Anna Catharina Emmerick († 1824), 1833 zu einem Erbauungsbuch gestaltet, ebenso wenig Legende wie seine *Romanzen vom Rosenkranz* (1803/1812).

Romantische *Legendendramen: Ludwig Tiecks* (1773–1853) *Hl. Genoveva, Friedrich de la Motte Fouqués* (1777–1843) *Des Hl. Johannis Nepomuceni Märtyrertod* (1804) und *Herzog Kanut der Heilige* (1811), *Arnims Päpstin Johanna* sind eher zerdehnte und in Dialoge aufgelöste Legenden als wirkliche Dramen. Daneben stehen lyrische Gedichte und Lieder der älteren Romantik, die weniger Legendendichtungen sind als Zeugnisse einer sentimentalen Heiligenverehrung. Die *Jüngere Romantik* mit ihren größeren historischen Neigung und Sammlerfreude konnte aus alten

Gesangbüchern, Fliegenden Blättern und aus dem Volksmund für *Des Knaben Wunderhorn* (1805/1808) eine ganze Anzahl Legendenlieder zusammentragen, darunter *St. Meinrad. Joseph Görres* (1776–1848) fügte seiner Sammlung *Altdt. Volks- und Meisterlieder* (1817) einen Abschnitt *Legenden und geistliche Lieder* an. Die *Brüder Grimm* (Jakob 1785–1863, Wilhelm 1786–1859) zogen bei ihren Sagen- und Märchensammlungen (1812/1818) zahlreiche legendäre Stoffe ans Licht. Der Beitrag der *Heidelberger Romantik* zur Legende besteht vor allem in Mirakelliedern wie *Brentanos Waldvögelein* (Ges. Schr. 1, S. 235 ff.) und Legendenliedern wie *Brentanos Wallfahrtslieder zu Ehren der Hl. Anna.*

Die *Schwäbischen Romantiker* neigen zu balladesk-erzählender Behandlung der Legende. *Ludwig Uhland* (1782–1862) ist mehr eine ideenhafte Auswertung eigen, *Justinus Kerner* (1786–1862) eine behagliche Breite in ganzen Romanzenzyklen. In ähnlicher Art dichteten auch *Albert Knapp* (1798–1864), *Julius Krais* (1807–1878), *Christian Wagner* (1835–1918) u.a. Das Meisterstück eines von schwäbischem Humor durchtränkten Mirakelgedichtes ist *Eduard Mörikes* (1804–1875) *Erzengel Michaels Feder* (1837).

Aus dem Kreis der *protestantischen Freiheitssänger* huldigt *Max von Schenkendorf* (1783–1817) dem *Hl. Adalbert*, der *Hl. Elisabeth* und den *Hl. drei Königen. Ernst Moritz Arndt* (1769–1860) findet in *St. Florentin* und *St. Christoph* Leitbilder seines Gottvertrauens. Weniger Profil zeigen die klassizistischen Legendengedichte *Theodor Körners* (1791–1813), die von Berufung und Tod der Hl. Cäcilia und der Hl. Dorothea berichten und die Versuchung des St. Medardus durch den Teufel und seine wundersame Errettung durch Maria zeigen. Auch *Heinrich von Kleist* (1777–1811) wandte sich der Legende zu und gab in seinen ›Berliner Abendblättern‹ (1810) unter dem Titel *Gleich und Ungleich* und *Der Welt Lauf* Hans Sachs' »St. Peter mit dem faulen Bauernknecht« und »Gespräch zwischen St. Peter und dem Herren« in reimlosen Versen wieder, nicht ohne den Inhalt insgeheim der Zeitlage anzupassen. Seine *Cäcilia oder die Gewalt der Musik*, ebenfalls 1810 in den ›Abendblättern‹ veröffentlicht, nennt sich zwar »Legende«: zugrunde liegt jedoch eine Mirakelerzählung, die den Novellisten Kleist als Beispiel der Gefühlsverwirrung ansprach und zur Neuformung lockte. Mißverstanden wird die Legende allerdings, wenn *Justinus Kerner* aus Kleists »Cäcilia« eine Schauerromanze *Die wahnsinnigen Brüder* macht oder *Adalbert von Chamisso* (1781–1838) in einer Art Schauerballade den *Hl. Martin, Bischof von Tours* (1830) siegreich eine Versuchung durch den Teufel bestehen läßt.

In der *Dresdner Pseudoromantik* wurde auch die Legende zu unterhaltender Alltagsware mit sensationsvollen Motiven, effektvollen Situationen oder düsterer Stimmung. Der Inhalt wurde häufig ausdrücklich als unverbürgte Sage hingestellt und damit der inneren Glaubwürdigkeit einer echten Legende beraubt. Eine besondere Spezialität dieses Kreises ist die ätiologische Pseudolegende, die Eigenheiten oder Namen von Pflanzen oder Tieren auf Berührung mit Heiligen zurückführt.

Wir können uns hier mit einer kurzen Aufzählung begnügen: Legendengedichte schrieben *Friedrich Kind* (1768–1843), *Ignaz Castelli* (1781–1862),
*Friedrich Krug von Nidda* (1776–1843), *August Apel* (1771–1816), *Luise
Brachmann* (1777–1817) und vor allem *Helmina von Chézy* (1783–1856),
eine Enkelin der Karschin (s. S. 80). Als Prototyp der ätiologischen Pseudolegende sei *Ignaz Castellis* Legendengedicht von der Entstehung der
*Zitterpappel* genannt: sie sei von der Gottesmutter wegen ihres Hochmutes
zum Zittern verdammt worden. Ähnliche Geschichten erzählen *Friedrich
Gottlob Wetzel, August Kopisch, Lebrecht Dreves* und *Luise von Plönnies*
von der *Trauerweide:* sie habe diese Form angenommen, weil ihre Zweige
einst zur Geißelung Christi gedient hätten. Ähnlich werden *Espe, Kaiser-
krone, Johannisbeere, Johanneswürmchen* (Helmina von Chézy), *Marien-
röslein, Marienfäden, Feldnelke* (Helmina von Chézy) und *Kreuzschnabel*
von verschiedenen Dichtern gedeutet. Noch 1857 vermehrte *Carl Hent-
schel* unter dem Titel *Flora, Legenden, Sagen und Schilderungen aus der
Pflanzenwelt* diese ätiologischen Pflanzengeschichten, die wohl in *Grimms*
Märchen *Kinderlegende vom Muttergottesgläschen* und in *Arnims* Erklärung des Markobrunner Weines in seiner *Päpstin Johanna* ihre Vorbilder
haben.

*Literatur:*

*Paul Merker*, bei Kapitel V, 2; *Robert Theodor Ittner*, The christian legend
in german literature since romantism, Urbana Illinois 1937 (vgl. *H.
Rosenfeld*, ZfdA 77, 1940, S. 146–148).

## 6. Legendendichtung in der Zeit des Biedermeier und des Realismus

Im zweiten Drittel des 19. Jh.s verliert die Legende wieder an
allgemeinem Interesse. Sie wird wieder Angelegenheit des Katholizismus und der volksläufigen Literatur, bleibt allerdings in dieser
Sphäre durchaus lebendig und verbreitet.

Voran steht *Johann Peter Silbert* mit seinen *Legenden, frommen Sagen
und Erzählungen* (1830), größtenteils erbaulichen Lebensbildern der Heiligen nach verschiedenen alten Quellen, dazu eine Reihe Mirakelerzählungen
verschiedener Art. *Franz Joseph Weinzierls Legenden der Heiligen nach
ihrem inneren Leben auf alle Tage im Jahre* (1832) hatten das rein seelsor-
gerliche Anliegen, religiöse Tugendbilder zu geben, während *Johann Bap-
tist Rousseaus Purpurviolen der Heiligen* (1835) eine künstlerische Vereini-
gung des Geschichtlichen und Legendarem anstreben. Typisch für die
Biedermeierzeit sind auch die *Legendenvolksbücher; Martin von Cochems
Griseldislegende* (hrsg. Gustav Schwab, 1836), *Louis von Bornsteds
Legende der hl. Jungfrau Catharina* (1838), *Karl Simrocks Legende von den
hl. 3 Königen* (1842) u. a. Aus diesem Bereich nimmt *Jeremias Gotthelf*
seine legendären Novellenschlüsse.

Während *Heinrich Heine* in *Die Wallfahrt nach Kevelaar* (1822) noch im

Banne der Romantik ein Marienmirakel einfühlend und mit der Sehnsucht des im Grunde ungläubig beiseite Stehenden zu einer vollendeten Ballade formte, sammelte *Johann Paul Kaltenbaeck* aus dem Volksmund Mirakelerzählungen als Zeugnisse wirklich lebendiger Marienverehrung (*Die Mariensagen in Österreich*, 1845). Die Konvertitin *Ida Gräfin Hahn-Hahn* (1805–1880) wollte mit legendären, naiv erzählten Heiligenleben Vorbilder für den Weg der Frömmigkeit und Heiligkeit bieten (*Die Väter in der Wüste*, 1837). Noch stärker zeigt sich die volkstümliche und religiös-didaktische Tendenz in *Alban Stolz' Legende oder der christliche Sternhimmel* (1850/1862), die ausdrücklich »die Kunst, christlich zu leben und selig zu sterben« lehren möchte. Erbaulichen Charakter hat auch *Georg Otts Legende der lieben Heiligen Gottes* (1854), 2. Aufl. 1886).

Zwar erfreuten sich auch die *Legendengedichte* weiterhin einer gewissen Beliebtheit sowohl bei Katholiken wie bei Protestanten, aber nirgends gelang es, das Niveau wirklicher Kunstdichtung zu erreichen.

Auch hier genügt es, einige Namen zu nennen:

Legendendichtungen schufen auf katholischer Seite *Ludwig Aurbacher, Melchior von Diepenbrock, Joseph Görres, Benedikt Morel, Albert Werfer, Ignaz Heinrich von Wessenberg*, auf protestantischer Seite *Ferdinand Bässler, Hermann Gittermann, Katharina Dietz* u. a. Seit *Ludwig Aurbachers Legenden* (1831) blieben legendarische Gedichtsammlungen an der Tagesordnung, von denen *A. Hungaris Legendenbuch aus dem Munde deutscher Dichter* wenigstens genannt sei (1854, mit Gedichten u. a. von Brentano, Görres, Friedrich und August Wilhelm Schlegel, Wilhelm Smets, Aloys Schreiber, Johann Georg Seidl, P. Zingerl, Johann Peter Silbert, L. Pyrker, G. Schwab).

Wo wirkliche Dichter von Format und Meisterschaft sich nicht aus religiös-didaktischer Tendenz, sondern aus Gestaltungsfreude und innerem Drange der Legende zuwandten, da mußten bei der ganz auf das Diesseits und auf das Historische gerichteten Zeittendenz Dichtungen entstehen, die dem Bereich der Legende entwuchsen und füglich ihrer inneren Form und ihrem dichterischen Gehalt nach nicht der Legende zuzurechnen sind. Hier ist vor allem *Gottfried Keller* (1819 bis 1890) mit seinen 1855 gedichteten *Sieben Legenden* (1872) zu nennen, aber auch *Conrad Ferdinand Meyers* (1825–1898) *Der Heilige* (1878).

Angeregt wurde *Keller* durch die erwähnte Legendensammlung *Gotthart Ludwig Theobul Kosegartens* (1804) in einem Augenblick, wo er als überzeugter Feuerbachianer das Recht des menschlichen Indiviuums auf freudigen Genuß der Güter des Lebens zu verfechten begann. Wohl packte ihn das Motiv von Liebe und Entsagung, aber die Lösung des Problems mußte für ihn eine völlig andere sein als bei dem von der mittelalterlichen Askese beeindruckten Kosegarten. So kehrt der Diesseitsglaube des Dichters fast überall das Asketische in Weltfreudigkeit um und macht aus den christlichen Legenden, wie er selbst 22. 4. 1860 an Freiligrath schrieb, »eine erotisch-weltliche Historie«, in den letzten beiden Legenden aber wenigstens aus der religiösen Weltflucht eine pflichtbewußte Selbstüberwindung, die dem Genuß der Lebensherrlichkeit nur ungern entsagt. Kellers Legenden sind aus christlichem Legendengut meisterhaft entwickelte Novellen, die freilich mit der Legende als Gattung kaum noch etwas zu tun haben.

In anderer und doch verwandter Weise gestaltete C. F. *Meyer* das Leben des 1170 ermordeten und 1174 heilig gesprochenen Thomas Becket, Erzbischofs von Canterbury, aus einer Heiligenvita zu einem psychologischen Roman. Nicht die gläubige und unreflektierte Legendenhaltung ist maßgebend, sondern das psychologische Problem, wie ein Weltkind und Weltmann zu einem Asketen und Heiligen werden konnte. So entsteht auch hier statt einer Heiligenlegende ein dichterisches Meisterwerk von der Zwiegesichtigkeit der Menschenseele. Gewisse Züge dieser Art hat er auch seiner Verslegende *Engelberg* (1872) verliehen, die sonst eher am Ende der biedermeierlichen Tradition steht.

*Literatur:*

*Paul Merker* und *Anselm Schmitt*, bei Kapitel V, 2; *Robert Theodor Ittner*, bei V, 5. – *Herbert Meyer*, Mörikes Legende vom Alexisbrunnen, DVjS 26, 1952, S. 225–236. – *Friedrich Sengle*, Biedermeierzeit, Bd. 2: Formenwelt, 1972, S. 139–154. – *Gottfried Keller: Louis Wiesmann*, 1967; *Artur Henkel*, G. K.s Tanzlegendchen, GRM NF 6, 1956, S. 1–15; *Louis Wiesmann*, G. K.s sieben Legenden, Schweiz. Monatshefte 39, 1959/60, S. 1201–1215; *Karl Reichert*. Die Entstehung der 7 Legenden von G. K., Euphorion 57, 1963, S. 97–131; *Herbert Anton*, Mytholog. Erotik in K.s 7 Legenden u. im Sinngedicht, 1970.

## 7. *Legendendichtung im Naturalismus und im 20. Jahrhundert*

Das Interesse an der Legende blieb auch im letzten Drittel des 19. Jh.s und im 20. Jh. trotz aller sozialen und politischen Erschütterungen lebendig. Das betrifft nicht nur die von Natur konservativeren Volksschichten. Auch *Detlev von Liliencron* (1844–1909) scheute sich nicht, in seine Gedichtsammlung »Der Haidegänger« (1890) eine *Legende* hineinzunehmen, die eigenartig impressionistische Schilderung Christi in Gethsemane. In »Bunte Beute« (1903) gibt Liliencron unter dem Titel *Legende vom hl. Nikolaus* das bekannte Nikolausmirakel von den wiedererweckten drei Knaben. In der gleichen Sammlung finden wir als *Kleine Legende* ein Gedicht von Christus und dem Schilfblatt, eine ätiologische Pflanzenlegende, wie sie die Dresdener Romantik so liebte (vgl. S. 85 f.) und wie sie dann *Leo Weismantel* (1888–1964) in seiner für Kinder bestimmten *Blumenlegende* (1921) und *Max Mell* (1882–1971) mit *Was sich auf der Flucht nach Ägypten zugetragen* (»Morgenwege«,

1924) zu neuem Leben erweckten. Die Wendung der hohen Literatur zur Legende und zu legendenhaften Erzählungen stellt uns vor die Frage, wieweit der moderne Mensch bei seiner Auseinandersetzung mit den materialistischen, individualistischen und rationalistischen Tendenzen der Zeit noch den schlichten, vorbehaltlosen Glauben echter Legenden aufzubringen vermag. Um die Jahrhundertwende bewiesen die *Christuslegenden* der *Selma Lagerlöf* (1858–1940), daß auch einem modernen Dichter (und auch einem evangelischen) noch Neudichtung von Legenden möglich ist.

*Selma Lagerlöfs Christuslegenden* erschienen 1904 in deutscher Sprache und hatten eine starke literarische Wirkung. Zu nennen ist vor allem *Karl Röttger* (1877–1942) mit seinen *Christuslegenden* (1914) und anderen Sammlungen. Nicht vergessen sei die in Balladenform gedichtete *Legende* der *Agnes Miegel* (1879–1964) von *Jesus und St. Oswald.* Für den Katholizismus standen Marienlegende und Heiligenlegende dem Herzen näher. *Rainer Maria Rilke* (1875–1926) näherte sich in seinem *Marienleben* (1913) dem Bereich der Legende, während die Mehrzahl neuer Legendengestaltungen aus der Erschütterung durch den ersten Weltkrieg erwuchsen. *Hans Brandenburg* (1885–1968) faßte die Legenden des *Hl. Rochus* (1923), der *Notburga* (1933) und des *Nepomuk* (1933) neu, *Karl Borromäus Heinrich* (1894–1938) die des *Johannes Colombini, Alexius, Johann von Kreuz, Cyprian, Johann Kolobos,* der *Justina, Salome, Didymus, Armella, Michaela* und *Afra* (1926). *Marie Eugenie della Grazie* (1864–1931) widmete sich in *Die Schmetterlinge von Clairvaux* (1925) der Legende des Hl. Bernhard. *Karl Gustav Vollmöller* (1878–1948) erzählt *Acht Mirakel der hl. Jungfrau Maria* (1927). *Julius Zerzer* (\* 1889) erzählt von *Johannes und Wolfgang* (1927), stellt Maria *Heimsuchung* (1931) in die österreichische Landschaft und spürt in der *Kreuzabnahme* den Gedanken des Judas nach wie *Walter von Molo* (1880–1958) in *Legende vom Herrn* (1927). *Ruth Schaumann* (1889–1975) erzählt Legenden vom Kreuzestod, von Veronikas Schweißtuch und von Christophorus (*Der blühende Stab,* 1929), während *Fanny Wibmer-Pedit* (1890–1967) ein Lebensbild der *Hl. Nothburg* (1935) gibt, *Josef Magnus Wehner* (1891–1973) *Drei Legenden* (1949) von Johannes dem Täufer, dem Hauptmann bei der Kreuzigung und vom Hl. Franziskus. *Max Mell, Leo Weismantel, Anton Dietzenschmidt* (1893–1955) und *Hermann Heinz Ortner* (1895–1956) versuchen sich auch in Legendenspielen. Problematisch bleibt, ob die umfangreichen Romane *Leo Weismantels* über das Leben *Marias* und der *Hl. Elisabeth* (1931) noch im Bereich des Legendenhaften bleiben oder ob dies der Fall ist, wenn *Hans Roselieb*

Maria in *Die liebe Frau von den Sternen* (1925) die Gestalt einer Fischersfrau in der Revolutionszeit von 1918 annehmen läßt in Art des Mirakels von Maria als Klosterpförtnerin und wenn *Franz Herwig* (1880–1931) in *St. Sebastian vom Wedding*, 1922, Sebastian in den Kommunistenaufstand von Berlin hineinstellt. Jedenfalls sprechen diese Neugestaltungen ebenso für die gläubige Aufnahme der Legende wie die Neuausgaben der mittelalterlichen Legenden, wie z. B. *Severin Rüttgers* (1931), *Expeditus Schmidt* (1934) und *Richard Benz* (1927 u. ö., zuletzt 1955) sie boten.

Es fehlt aber auch nicht an sog. Legenden, die weit entfernt von christgläubiger Haltung sind. Wenn *Rudolf G. Binding* (1867 bis 1930) in seiner *Keuschheitslegende* (1913/14) die Mutter Gottes als Wundertäterin auftreten läßt, so scheint die Situation eines echten Marienmirakels gegeben. Die innerweltliche Haltung und Weltanschauung Bindings formte hier ebenso wie in der Märchenlegende *Cölestina* (1908) und in *St. Georgs Stellvertreter* (1901) legendäre Motive und Gestalten zu novellistischer weltbejahender Sinndeutung von Keuschheit, Liebe und Manneswürde um. Ähnliches gilt auch von Bindings Weihnachtslegende *Das Peitschchen* (1917) oder von *Erwin Guido Kolbenheyers* (1878–1962) *Drei Legenden* (1923), in denen es sich um weltanschaulich-philosophische Sinndeutung der Welt und Geschichte handelt. Auch *Hermann Hesse* (1877–1962) schrieb 1907/09 *Drei Legenden aus der Thebais*. Sie malen aus, wie heilige Büßer der Versuchung erliegen und wie ein Jüngling in die Einöde geht, um nach dem Tode mit seiner Geliebten vereinigt zu werden. Die Umkehrung der Werte und die liebevolle Betrachtung der Welt scheiden diese Geschichten von wirklicher Legende.

Fälschlich als Legenden angesprochen werden vielfach die *Geschichten vom lieben Gott* (1899) von Rainer Maria Rilke (1875–1926). Sie leiten in Rilkes Leben eine Periode der Leugnung jedes persönlichen transzendenten Gottes ein und verlassen damit und in der künstlerischen Absicht die Grundlage echter Legende, deren Stoffbereich sie auch nur im letzten Stück flüchtig streifen. *Wilhelm Schmidtbonns* (1876–1952) Sammlung *Wunderbaum* (1913), vom Dichter mit dem Untertitel »23 Legenden« versehen, enthält Märchen, Anekdoten und Sagen, ohne den religiösen Stoffbereich der Legende zu berühren; der Untertitel »Legende« sollte wohl nur die vorkommenden Märchenwunder vor realistischer Kritik bewahren. Das gilt wohl auch von den zwei Legenden der *Gertrud von Le Fort* (1876–1971) *Das Reich des Kindes* und *Die Vöglein von Theres*, die die Geschichte der letzten Karolinger zum Gegenstand haben, aber nicht die Heiligenlegende. Hierher gehört wohl auch, wenn *Hugo von Hofmannsthal* (1874 bis 1929) und *Harry Graf Kessler* (1868–1937) ein gemeinsam konzipiertes Ballett *Josefslegende* nennen (1914).

Auch bei *Stefan George* (1868–1933) begegnet uns die Neigung der Zeit, Themen märchenhafter oder weltanschaulicher Art durch das Wort »Legende« herauszuheben. Seine drei als »Legenden« bezeichneten Gedichte *Erkenntnis, Frühlingswende, Der Schüler* erheben Vorgänge der

Diesseitswelt ins Mythische, das Verhältnis von Mann und Frau, den Übertritt eines Jünglings aus der Kindheit in die Männerwelt, die Wendung eines Mönchs von der Buchweisheit zur Natur und Leben, wie denn *Hans Brandenburg* (1885–1968) in seiner *Legende vom wunderbaren Flötenspiel* eine Sinndeutung echter Liebe gibt. Darüber hinaus bezeichnet *Josef Winckler* (1881–1966) seine ekstatischen Gedichte *Irrgarten Gottes* (1921), die die innere Zerrissenheit der Zeit zeigen wollen, als »Legenden«. Nur eines von ihnen berührt sich stofflich mit der Heiligenlegende, da es wie Goethes erstes Legendengedicht das Zusammentreffen des Hl. Chrysostomus mit dem Zentauren schildert (s. S. 82), ohne dem Ton oder Gehalt nach legendenhaft zu sein. Solche als »Legenden« bezeichnete Dichtungen wird man wohl nicht als einen modernen Typ der Gattung ›Legende‹ gelten lassen dürfen, wie *Dabrock*, *Trauth* und *Staffel* wollen. Hier scheint nur der Geltungsbereich des Wortes Legende auf jede unrealistische, wunderbare, märchenhafte und allegorische Dichtung erweitert, wie sich das schon gelegentlich früher anbahnte und in anderen Sprachen viel stärker durchsetzte.

Seit dem Ausgang des 2. Weltkrieges sind Verständnis und Interesse für die Legende wieder gewachsen. Aus Ländern, in denen die Legende lebendig blieb, wurden Sammlungen zusammengestellt und in deutscher Übersetzung zugänglich gemacht, z. B. *Russische Heiligenlegenden*, hrsg. von *Ernst Benz*, Zürich 1953; *Äpfel aus dem Paradies. Legenden der Welt*, zusammengestellt von *Georg Adolf Narciss*, 1965; *Legendenmärchen aus Europa*, hrsg. von *Felix Karlinger* und *Bohdan Mykytiuk*, 1967; *Christos und das verschenkte Brot, Neugriechische Volkslegenden und Legendenmärchen*, hrsg. von *Marianne Klaar*, 1963. Darüber hinaus wurden die alten deutschen Legenden neu erzählt. *Walter Nigg* würdigte die Legenden als Zeugnisse aus der Welt der Religion und als Symbole, forderte aber eine Neuerzählung, die zugleich eine Interpretation einschließe und dem Leser die Bedeutung nahelege; in seiner Sammlung *Glanz der Legende. Eine Aufforderung, die Einfalt wieder zu lieben* (Zürich 1964) werden 12 Heiligenlegenden in dieser Weise neu erzählt. Einen anderen Weg der Modernisierung versuchte *Hermann Gerstner* in seinen *Biblischen Legenden* (1971): den biblischen Legenden von der Hirtenanbetung und Anbetung der drei Könige bis zur Passion Christi werden jeweils erdichtete Gestalten zugesellt, die den Widerstand der Welt und die Überwindung durch das Göttliche widerspiegeln und auf diese Weise Gottesferne und innere Umkehr in das alte Legendengut hineinnehmen.

*Literatur zur modernen Legende:*

*Erwin Ackerknecht*, Moderne Legendenkunst, Eckart 2, 1907/08, S. 698–712 (über Gottfried Keller und Selma Lagerlöf).

*J. Benn*, Die neue Legende, Literar. Echo 16, 1913/14, Sp. 661–668.

*Joseph Dabrock*, Die christl. Legende u. ihre Gestaltung in moderner Dichtung als Grundlage einer Typologie d. Legende, Diss. Bonn 1934.

*Rosa Daxlberger*, Der Heilige in d. dt. Dichtung zur Zeit des Expressionismus 1910–1927, Diss. München 1937.

*Robert Faesi*, Der Heilige in d. modernen Dichtung, Zschr. f. Deutschkde 40, 1926, S. 34–40.

*Robert Theodor Ittner*, The christian legend in german literature since romantism, Urbana Illinois 1937.

*Oskar Katann*, Die Kunstform der Legende, Gral 17, 1922/23, S. 508–511.

*L. Kiesgen*, Das Erwachen der Legende, Über den Wassern 1, 1908, S. 67–177, 197–201; Ders., Legenden der Zeit und die Zeit der Legenden, Bücherwelt 18, 1921, S. 139–143.

*Jakob Kneip*, Vom Geist der Legende, Gral 17, 1922/23, S. 412 ff.

*Birgit H. Lermen*, Moderne Legendendichtung, 1968.

*Günther Müller*, Die Form der Legende u. Karl Borromäus Heinrich, Euphorion 31, 1930, S. 454–468.

*Karoline Redlich*, Die kathol. Legendendichtung d. Gegenwart, Diss. Wien 1937.

*Hellmut Rosenfeld*, Die Legende als literarische Gattung, GRM 33, 1951, S. 70–74; Ders., Legende, RL ²2, 1965, S. 13–31, besonders S. 26 ff.; Ders., Rezension zu R. Th. Ittner (s. o.), ZfdA 77, 1940, Anz. S. 146–148.

*Expeditus Schmidt*, Zur neueren Legendenliteratur, Literar. Handweiser 57, 1921, Sp. 407–411.

*Ursula Seyffarth*, Die Legende u. d. Dichter, Welt und Wort 5, 1950, S. 407–411.

*Paul Staffel*, Die Verslegenden Jacob Kneips, Diss. Bonn 1947.

*Gisela Trauth*, R. G. Bindings »Legenden der Zeit«, Diss. Mainz 1953.

# VI. Schluss

Die fast zweitausendjährige Tradition der abendländischen Gattung ›Legende‹ kann durch die Ausweitung des Wortes, durch parodistische oder unreligiöse Verwendung von Legendenstoffen und durch übertragene Verwendung von Legendenmotiv und Legendenton nicht berührt werden. Auch der Typ der Mirakelerzählung, wie wir ihn schon im frühen Mittelalter als Ergänzung der eigentlichen Legende finden, bleibt auf das persönliche Eingreifen der Heiligen ins irdische Geschehen beschränkt und durch die Jahrtausende konstant. Wir begegnen ihm wie in alter Zeit noch genauso bei *Jakob Kneip* (1881–1958) und seinen sogenannten Verslegenden, die entgegen *Staffel* reine Mirakelerzählungen sind. In der Meinung, die Legende erzähle von Gott und beweise seine Existenz, hatte *Dabrock* gefolgert, der moderne Dichter, dem der Glaube an Gott verloren gehe, könne in der Legende an die Stelle Gottes seine eigene Weltanschauung einsetzen und als richtig erweisen. In Wirklichkeit hat die abendländische Legende von Anfang an nur das Leben heiliger Personen und ihr Handeln als Menschen (wenn auch als von Gott begnadete Menschen) dargestellt und bleibt deshalb wohl dem Wesen nach an die gläubige Verehrung der Heiligen gebunden, wenn auch die Erzählform und Erzählart sich gewandelt hat.

*Lermen*, 1968, möchte als Unterschied der traditionellen und der modernen Legende sehen, daß für jene die Welt nur ein Durchgangsstadium sei und der schwache, gefallene, einsame, suchende, zweifelnde Mensch nach schmählichem Versagen bereit werde, Gott zu begegnen und gnadenhaft als Heiliger angenommen werde. Diese Charakterisierung trifft aber nur auf den besonderen Typ des »sündhaften Heiligen« zu (vgl. *Erhard Dorn*, 1967, in Kap. II, 4). Die reine Legendenform liegt also auch vor, wo ein beispielhaftes Leben mit Bezug zu Gott und den Mitmenschen als heiligmäßig empfunden wird und zur Verehrung als Heiliger führt. Wenn statt eines schlichten Legendenberichtes die Romanform benutzt wird, wird sich meist eine psychologische Durchdringung ergeben und der Schluß wird zwar den Erweis eines heiligmäßigen Lebens erbringen können, aber nicht zur anbetenden Verehrung führen, wie es Aufgabe und Ziel echter Legende ist.

# VII. Register

## 1. Autoren- und Sachregister zu
## II. »Stand und Aufgaben der Legendenforschung«

## 2. Namen- und Sachregister zu
### III. »Heiligenverehrung, Vita, Legende, Mirakel«

Tertullian 23

Ulricus joculator 24
Ulrich, Hl. 26, 32, 33
Urban VIII. 27

Vatikanisches Konzil 1962/65 27
Vinzenz von Beauvais 34

Völkergedanke 23, 24
Volksfrömmigkeit 25, 26, 29
Votivbilder 23, 24

Wallfahrt 23, 24, 25, 27, 29
Weisen aus dem Morgenland 31
Wolfhard von Herrieden 34, 35
Wunder 24, 25

## 3. Namen- und Sachregister zu
### IV. Geschichte der deutschen Legende im Mittelalter

## 4. Namen- und Sachregister zu V. »Legendendichtung in Deutschland vom Humanismus bis zur Gegenwart«

101

# SAMMLUNG METZLER

J.B. METZLER

Printed in the United States
By Bookmasters